ENGENHARIA DO LUCRO

CARO(A) LEITOR(A),
Queremos saber sua opinião sobre nossos livros. Após a leitura, siga-nos no **linkedin.com/company/editora-gente**, no TikTok **@editoragente** e no Instagram **@editoragente**, e visite-nos no site **www.editoragente.com.br**. Cadastre-se e contribua com sugestões, críticas ou elogios.

KÉLEN ABREU, PHD

ENGENHARIA DO LUCRO

4 pilares para transformar a sua empresa em uma máquina de resultados

Gente
editora

Diretora
Rosely Boschini
Diretora Editorial
Joyce Moysés
Editora
Carolina Forin
Assistente Editorial
Mariá Moritz Tomazoni
Produção Gráfica
Leandro Kulaif
Edição de Texto
Gabrielle Carvalho
Preparação
Marina Montrezol
Capa
Plinio Ricca
Projeto Gráfico
Márcia Matos
Plinio Ricca
Diagramação
Plinio Ricca
Revisão
Luciana Figueiredo
Imagem de capa
Shutterstock
Impressão
Bartira

R. Dep. Lacerda Franco, 300 – Pinheiros
São Paulo, SP – CEP 05418-000
Telefone: (11) 3670-2500
Site: www.editoragente.com.br
E-mail: gente@editoragente.com.br

Dados Internacionais de Catalogação na Publicação (CIP)
Angélica Ilacqua CRB-8/7057

Abreu, Kélen
Engenharia do lucro : 4 pilares para transformar a sua empresa em uma máquina de resultados / Kélen Abreu. - São Paulo : Editora Gente, 2025.
160 p.

ISBN 978-65-5544-628-9

1. Administração de empresas 2. Sucesso nos negócios I. Título

25-2784 CDD 650.1

Índices para catálogo sistemático:
1. Administração de empresas

NOTA DA PUBLISHER

Nos meus mais de quarenta anos de trajetória, vi muitos empreendedores iniciarem seus negócios com uma chama no olhar, mas se perderem no caminho, sufocados por planilhas confusas, dívidas crescentes e aquela dolorosa sensação de que "trabalhar muito" não é sinônimo de "ter lucro". Foi exatamente por isso que apostei de imediato no projeto da Kélen Abreu: ela entendeu, como poucos, que o verdadeiro sucesso de uma empresa se constrói quando o empresário passa a ser guardião do dinheiro que faz girar seus sonhos.

Engenharia do lucro nasce para combater uma dor urgente e comum: a falta de gestão financeira prática, clara e eficaz em negócios de todos os portes. Vivemos em um país onde milhões de negócios fecham as portas todos os anos, muitas vezes por pura falta de organização dos números. Por isso, este livro é mais que necessário: é um respiro de lucidez em meio à complexidade da vida empresarial.

Com seu olhar treinado por anos de experiência real – não apenas de formação acadêmica, mas de atuação no campo de batalha financeiro –, Kélen é uma mentora nata, uma conselheira confiável para quem quer ver resultado de verdade. Não é à toa que ela gere mais de 1 bilhão de reais anualmente em operações de BPO e reestruturação. Desde o nosso primeiro encontro, foi notório perceber que ela não entrega promessas vazias e transforma empresas em máquinas de lucro palpável.

O grande presente deste livro é devolver ao empreendedor o poder de olhar para o extrato bancário sem medo e, mais do que isso, sentir orgulho de ver o dinheiro crescendo mês a mês. Ao longo das páginas, o leitor aprende a dominar os quatro pilares fundamentais que sustentam um negócio saudável e lucrativo. São pequenas mudanças de mentalidade e rotina que podem salvar empresas e realizar sonhos.

Permita-se reconstruir a relação com suas finanças e ser o líder que sua empresa merece. Mergulhe nesta leitura com coragem e comprometimento. Ao virar a última página, você terá aprendido a gerir o dinheiro com mais eficiência e, ainda melhor, terá se tornado alguém que faz o lucro acontecer, todos os dias.

Boa leitura e ótimos resultados!

ROSELY BOSCHINI

CEO e Publisher da Editora Gente

Para todos os empreendedores que, com sua dedicação e resiliência, transformam a realidade não só de colaboradores, consumidores, parceiros e demais envolvidos em seu negócio, mas de todo um país, que cresce e prospera a partir do trabalho admirável de cada um de vocês. Não existe exagero em afirmar que o empreendedorismo liberta e é um grande meio de transformação social.

AGRADECIMENTOS

Gratidão é minha palavra de ordem. Tenho uma lista infinita de todas as pessoas que estão na minha vida e que passaram por ela, contribuindo para a pessoa que me tornei.

Começo pelos ensinamentos dos meus pais – sendo meu pai sabedoria e minha mãe, persistência. Agradeço à minha irmã, por me acolher, e ao meu irmão, que foi minha cobaia no estágio em ser mãe.

Ter uma família em quem se espelhar é um exemplo belíssimo de vida. Posso dizer que tenho a melhor família, seja por parte de mãe, seja por parte de pai.

Mas foram meus professores que me instigaram a ser uma estudante incansável e a descobrir que a educação transforma vidas. Sou a prova viva disso. Cada um do seu jeito, sendo brincalhão, exigente, algumas vezes sacana, meus professores me mostraram que a vida é isso, ela nem sempre é doce nem uma linha reta. Não aprendemos só em sala de aula, mas na biblioteca, lendo um livro, uma revista, na conversa com alguém que já viveu o que você quer viver... Por isso digo que a nossa vida é um eterno PDCA, pois todos os dias temos chances de aprender e sermos melhores do que ontem.

Ao meu esposo, Billy, agradeço a paciência e compreensão com esta esposa ligada a mil o dia todo. Às minhas filhas, Duda e Mel, por serem as melhores filhas do mundo e já descobrirem que empreender tem seus desafios, mas também seus bônus.

A todo o time da Editora Gente e em especial à diretora e CEO, Rosely Boschini, que me mostrou algo muito maior do que eu mesma acreditava e quanto eu teria a contribuir com a sociedade.

A todos, mais uma vez: gratidão.

SUMÁRIO

PREFÁCIO

Por muito tempo, eu acreditei que ter uma sociedade era sinônimo de frustração. Na minha cabeça, era sempre o mesmo roteiro: um trabalha, o outro não entrega. Um sonha, o outro freia. E, no fim, sobra desgaste e falta resultado.

Minha história profissional foi construída com base em lógica, planilhas, controle e muita responsabilidade. Sou contadora, mas, acima de tudo, sou alguém que entendeu cedo que uma empresa financeiramente bem estruturada é o que sustenta qualquer sonho. Por isso, sempre fui racional. Sempre fui do "deixa que eu resolvo". Dividir? Melhor não.

Até que conheci a Kélen.

A diferença é que, dessa vez, encontrei alguém que também tinha o sangue nos olhos para empreender, mas com habilidades que eu não dominava. Enquanto eu focava a estrutura, o controle, a margem; ela focava palco, networking, vendas. Eu enxergava o lucro com profundidade, mas faltava alguém que conectasse isso ao mercado, com método, timing e processo.

A Kélen não só entende de negócios, ela sabe escalar. Ela transforma estratégia em ação, processo em resultado, contato em cliente. E foi aí que percebi: não era sobre dividir, mas somar com alguém que carregava o mesmo propósito que eu, mas com ferramentas diferentes.

O que começou como uma sociedade improvável virou uma engrenagem perfeita. Juntas, unimos a base contábil com o motor comercial, a racionalidade com a expansão, o planejamento com a execução.

E é nesse ponto da jornada que nasce a minha admiração pela Kélen. O que mais me impressiona nela é a capacidade de transformar qualquer ideia em método: tudo vira processo e passo a passo; tudo se estrutura de modo que qualquer pessoa, independentemente do nível de maturidade empresarial, consiga enxergar onde está, onde estava e para onde vai.

Além disso, ela tem uma habilidade rara de se comunicar com o mercado, gerar confiança, construir relacionamentos e crescer por meio disso. As pessoas acreditam nela porque ela entrega o que promete. E eu, que antes tinha medo de dividir, hoje olho pra Kélen e penso: *Se eu tivesse que contratar alguém para estruturar minha empresa, seria ela. Com toda certeza*. Por isso, posso afirmar sem dúvidas que a melhor decisão que tomei foi tê-la como sócia.

À frente da Lucros Reais, mostramos diariamente para centenas de empresários que faturamento é vaidade e lucro é verdade. Que não adianta crescer sem ter margem nem sonhar sem saber ler os números. Que lucro não é o que sobra, é o que se planeja.

Este livro que você tem em mãos é o coração da Kélen em formato de método. Um manifesto claro de que toda empresa pode dar certo desde que tenha as engrenagens certas: mentalidade, dados confiáveis, clareza e segurança. Aqui você vai entender que o fracasso tem raízes que podem ser arrancadas. Que lucro não é mágica, é engenharia. E que a hora certa para começar é agora.

Se eu tivesse lido este livro anos atrás, talvez tivesse entendido antes que a sociedade certa não divide, multiplica. E que, no fim das contas, uma empresa só vence quando estrutura e visão andam juntas.

A Kélen é a prova viva de que o impossível, quando bem pensado, vira plano de ação. E *Engenharia do lucro* é um mapa para quem quer parar de correr atrás de faturamento e finalmente começar a construir riqueza.

Boa leitura, e que você também encontre a engrenagem certa.

CAROLINA BARROS
Contadora e cofundadora da Lucros Reais

INTRODUÇÃO: TUDO É QUESTÃO DE PERSPECTIVA

Quanto custa a sua realização? Embora essa pergunta possa parecer dura e até mesmo causar incômodo e certa estranheza em um primeiro momento, os acordos financeiros que você faz e a rotina que aceita viver respondem com o valor exato.

Para algumas pessoas, o cálculo é feito com base em um salário fixo mensal. Para outras, projetos, contratos e parcerias destacam os números. O fato é que, de acordo com a sua mentalidade e as suas decisões, você sempre fará parte dessa equação, seja empreendendo, seja como colaborador e/ou prestador de serviço.

E, quando me refiro à mentalidade, considero, para além de determinados pensamentos e padrões de comportamento, a forma de ver e encarar a vida. Acredito que empreender é, antes de tudo (até mesmo de ter um CNPJ), um estilo de vida. Pessoas inquietas, que buscam diferentes formas de realizar algo, que não trabalham no piloto automático, que estão abertas às mudanças e se adaptam a elas, que desejam contribuir efetivamente com o ecossistema no qual estão inseridas, estão dentro desse grupo. São os empreendedores genuínos, que fazem acontecer mesmo nos cenários mais adversos.

Perceba ainda que, no mercado atual – que tem como alicerce a nova economia e valoriza o compartilhamento de ideias, ferramentas, soluções e conhecimento –, velhas práticas e pensamentos enraizados precisam ser postos de lado para que oportunidades de crescimento e lucro possam ganhar força dentro de você e da sua empresa.

Minhas primeiras provocações (no bom sentido da palavra) têm como objetivo convidar você, leitor, a refletir sobre decisões que são fundamentais e balizam todas as demais que nos cercam. Quero lhe mostrar a existência de caminhos e formas de trabalhar e viver que fazem tudo valer a pena. Já adianto que muitas das crenças limitantes quanto a ganhar dinheiro, obter lucro e conquistar liberdade e autonomia não são suas, mas foram incutidas desde sempre pela sociedade, pelo mercado e dentro da própria estrutura familiar.

Nos últimos quinze anos, tenho me dedicado incansavelmente ao estudo e à compreensão de por que e como empresários e empreendedores de todo o país constroem e geram os seus negócios. Nesse período, constatei que uma série de erros são comuns às jornadas, bem como os principais desafios e metas. Logo, uma pergunta se faz necessária: por que tantas empresas morrem no meio do caminho ou sobrevivem com muita dificuldade?

Ao me tornar expert em BPO (*Business Process Outsourcing*; em tradução livre, Terceirização de Processos de Negócios) e Reestruturação Financeira, obtive a resposta. Como você pode imaginar, leitor, não se trata exclusivamente de um único fator; e a soma de decisões equivocadas (até as maiores e arriscadas), que podem ter origem desde a fundação da empresa, corroboram essa queda em massa. A boa notícia é que, quando um problema é identificado, o próximo passo é buscar uma solução. E fico extremamente feliz por você estar com este livro em mãos. Nas próximas páginas, você terá acesso a um método prático e acessível para resolver seus problemas – independentemente do estágio e da maturidade da sua empresa – e mudar o rumo da sua vida de maneira definitiva.

Depois de ministrar dezenas de cursos e treinamentos com foco em gestão segura (e lucrativa) de negócios e desenvolvimento profissional, de atuar como mentora de grandes nomes do mercado digital e ser potenciadora de empresas, afirmo com convicção que meu maior propósito e objetivo pessoal tem sido cumprido. Não me refiro ao fato de gerenciar atualmente mais de 1 bilhão de reais por ano, mas ao impacto que ajudo a gerar na economia e à diferença que faço na vida dos empreendedores – isso, sim, me realiza.

E é claro que precisei experimentar o outro extremo para chegar até aqui. Ainda criança, acompanhei a trajetória da minha mãe, que era uma costureira tentando empreender. Sem os devidos acessos e orientações, vi de perto o que a desinformação e o despreparo podem causar em alguém com boa vontade, mas sem as ferramentas necessárias para prosperar e crescer. Com certeza daí veio a minha vontade de ajudar empresários com dificuldades ou mesmo os que querem ganhar escala, mas não sabem por onde começar.

Outra importante constatação que também costuma causar incômodo é que é fácil fazer a gestão de empresas com dinheiro. O desafio é quando os negócios operam no vermelho, não vendem tanto quanto deveriam ou, principalmente, sequer conseguem identificar onde está o erro, qual etapa do processo precisa ser corrigida ou alterada. É algo sintomático, e não é preciso ser nenhum especialista para saber que esse é o começo do fim.

A organização financeira é a chave para a sua realização (leia-se liberdade). Costumo dizer que, a menos que você esteja à frente de uma ONG, toda e qualquer empresa deve dar lucro. Sim, temos que falar sobre dinheiro sem amarras, com objetividade e estratégia. É o primeiro passo para quem deseja transformar a sua realidade. E vale dizer que o lucro não é o que você faz, é o que você mantém. Um erro comum e perigoso para a saúde financeira de um negócio é considerar só os valores que entram. Esse não é o lucro real, o único capaz de sustentar e dar condições de crescer a uma empresa. Lucro é o que vai para o bolso.

A gestão financeira eficiente tem como fundamento a análise de métricas reais; são elas que precisam guiar suas decisões, sobretudo as mais difíceis. Não existe empresa sem lucro e não existe lucro sem gestão. Esse é o caminho do crescimento contínuo e sustentável, que garante a permanência no mercado, sem se preocupar em demasia com a sua evolução natural e com exigências contemporâneas, o que, por consequência, permite a construção de verdadeiros legados, de empresas que se destacam e se tornam referências.

Nesse sentido e com o recorte pré-estabelecido, acredito que a realização empresarial passa, obrigatoriamente, por quatro pilares que conduzem ao sucesso: Mindset do Lucro, Confiabilidade, Clareza e Segurança. E esta é a resposta e o enfrentamento à alta mortalidade dos negócios: a metodologia "Lucro Real – M2CS", criada por mim e validada nos últimos anos por dezenas de empresas. Trata-se do grande diferencial, tanto do meu método quanto desta obra: o foco das percepções, decisões e ações está no lucro que sustenta todo o resto em qualquer operação.

De maneira abrangente e fundamentada, minha proposta é apresentar a você o passo a passo dessa construção, cujo principal objetivo é transformar a realidade não apenas do dono, mas de todos os envolvidos nos processos de um negócio; afinal, quando todos ganham, sonhos e novos projetos se realizam. Esse é o impacto que gosto de promover e me orgulho de iniciar. Portanto, este livro é para quem entendeu que é preciso se movimentar com consciência e, acima de tudo, com estratégia.

Nunca é demais lembrar que, quando processos bem-definidos são ajustados e praticados no dia a dia com alinhamento e coerência, a rotina se torna extremamente produtiva, e os resultados são impressionantes.

Garanto a você que a gestão financeira estratégica tem o poder de transformar a sua empresa de modo exponencial. E é isto que eu vou lhe mostrar a partir de agora: uma nova forma de ver e pensar o seu negócio. E, claro, de aproveitar o melhor que a vida e o mercado têm a oferecer.

Não tenha medo de crescer ou de quebrar as barreiras que o impedem de lucrar. Sem culpa ou desculpas, preencha esses espaços com conhecimento, dedicação e ação intencional.

Boa leitura, e que a sua jornada empreendedora seja ressignificada e lucrativa!

01.

DO SONHO AO DESAFIO: A REALIDADE DO EMPREENDEDOR BRASILEIRO

Você provavelmente já escutou, durante uma conversa informal com amigos ou familiares, alguém comentando sobre os próprios planos de começar a empreender. De uns tempos para cá, parece que o brasileiro tomou verdadeiro gosto por essa ideia e tem corrido atrás de tornar o sonho de abrir o seu negócio realidade. Na verdade, hoje, esse é o segundo maior objetivo dos cidadãos do nosso país, perdendo apenas para a vontade de viajar pelo Brasil.

De acordo com o relatório *Global Entrepreneurship Monitor* (GEM)[1] de 2022, realizado pelo Serviço Brasileiro de Apoio às Micro e Pequenas Empresas (Sebrae), em conjunto com a Associação Nacional de Estudos em Empreendedorismo e Gestão de Pequenas Empresas (Anegepe), seis em cada dez brasileiros desejam ter uma empresa, ou seja, 60% dos entrevistados. Essa opção perde para a de viajar por uma diferença de somente 1%, resultado considerado recorde na série histórica dessa pesquisa, que é realizada em território nacional há 23 anos.

Se compararmos as edições anteriores do levantamento do Sebrae e Anegepe, é possível perceber que esse sonho só cresce entre os

---

1 SONHO empreendedor: seis em cada 10 brasileiros querem ter o próprio negócio, mostra pesquisa. **Exame**, São Paulo, 13 maio 2023. Disponível em: https://exame.com/negocios/seis-em-cada-10-brasileiros-querem-ter-proprio-negocio/. Acesso em: 6 mar. 2025.

brasileiros. Em 2018, apenas 18% dos participantes do estudo responderam que seu maior objetivo era abrir o próprio negócio. Já em 2021, o número de pessoas que tinham essa meta de vida saltou para 46%.

Mas o que tem levado tantos indivíduos a quererem empreender? Segundo outra pesquisa, realizada pela startup de soluções digitais Azulis,[2] a palavra empreendedorismo mexe com o imaginário de quem a ouve. Para 60% das pessoas, o termo remete à ideia de concretizar um sonho, enquanto para 23% dos entrevistados representa ganhar mais dinheiro. Já 16% acreditam que a atividade pode mudar o mundo ou impactar a sociedade de alguma maneira, outros 16% imaginam que poderão atuar com mais autonomia e os 8% restantes simplesmente veem o ato de empreender como uma forma de conseguir pagar suas contas.

Hoje, o Brasil conta com aproximadamente 42 milhões de empreendedores, conforme dados do Sebrae e Anegepe,[3] e está entre as dez nações com mais organizações cadastradas, ou seja, regularizadas perante o governo. Se observarmos a proporção em relação à população, nosso país escala algumas posições e chega à oitava colocação do ranking global, sendo o pódio ocupado por Equador, Guatemala e Arábia Saudita, respectivamente.

Sobre o perfil do empreendedor brasileiro, essas duas entidades revelam que:

---

2 POR que brasileiros resolvem empreender? Este é o principal motivo. **Revista PEGN**, São Paulo, 2 mar. 2020. Disponível em: https://revistapegn.globo.com/Administracao-de-empresas/noticia/2020/03/por-que-brasileiros-resolvem-empreender-este-e-o-principal-motivo.html. Acesso em: 6 mar. 2025.

3 BRASIL tem 42 milhões de empreendedores, diz estudo. **Poder 360**, Brasília, 12 abr. 2024. Disponível em: www.poder360.com.br/poder-empreendedor/brasil-tem-42-milhoes-de-empreendedores-diz-estudo. Acesso em: 6 mar. 2025.

Perfil do empreendedor brasileiro

- **59,8%** dos empreendedores são homens;
- **75%** têm até 44 anos;
- **69%** têm ensino fundamental e médio completos;
- **80%** ganham até seis salários mínimos.

O problema é que o último Mapa de Empresas[4] do governo federal apontou que, mesmo com tanta gente empreendendo, nem sempre esses negócios dão certo. No ano de 2023, quatro companhias fecharam as portas no Brasil a cada minuto. No total, foram 2.153.840 organizações extintas, índice 25,7% maior do que o de 2022, quando o país registrou 1.712.993 fechamentos. A maior parte delas se encaixava nas modalidades de microempresas (2.049.622) e empresas de pequeno porte (49.631).

Não é de hoje que nossa nação registra taxas consideráveis de mortalidade desses tipos de organizações. Voltando aos dados do Sebrae,[5] o estudo mais recente sobre o tema, feito em 2020 por essa entidade, mostra que o microempreendedor individual (MEI) é o que conta com menor expectativa de vida nos negócios: 29% deles fecham em até cinco anos, enquanto essa porcentagem é de

4 CARDOSO, G. Brasil teve 4 empresas fechadas por minuto em 2023; total supera em 25% número de 2022. **Notícias R7**, Brasília, 3 fev. 2024. Disponível em: https://noticias.r7.com/brasilia/4-empresas-fecharam-por-minuto-no-brasil-no-ano-passado-total-representa-aumento-de-25-03022024/. Acesso em: 6 mar. 2025.

5 A TAXA de sobrevivência das empresas no Brasil. **Sebrae**, 2023. Disponível em: https://sebrae.com.br/sites/PortalSebrae/artigos/a-taxa-de-sobrevivencia-das-empresas-no-brasil,d5147a3a415f5810VgnVCM1000001b00320aRCRD. Acesso em: 6 mar. 2025.

21,6% para as microempresas (MEs) e 17% para as empresas de pequeno porte (EPPs).

O setor que mais sofre com essa estatística é o comércio (30,2%), e o que menos sente seus efeitos é a indústria extrativa (14,3%).

E sabe por que isso costuma acontecer? O Sebrae destaca quatro grandes motivos, que vou abordar mais detalhadamente no próximo capítulo. São eles:

- Pouco preparo pessoal;
- Planejamento do negócio deficiente;
- Gestão deficiente;
- Problemas no ambiente (pandemia).

Diante disso, fica fácil perceber o quanto conhecimento e um bom trabalho de administração de recursos são essenciais para a sobrevivência de qualquer tipo de empreendimento. Não entender minimamente as regras da nova economia – na qual estamos inseridos – e o processo de gestão financeira de uma companhia por meio de planejamento, análise e também controle, mais cedo ou mais tarde pode contribuir para afundar o seu negócio de uma forma tão complicada que não exista mais escapatória.

Mas se engana quem pensa que o descuido com algum desses itens só enterra pequenas organizações. Um dos *cases* mais emblemáticos de grandes empresas que ruíram por não se adequarem às exigências do mercado atual por transformação digital, inovação, agilidade e flexibilidade na correção de erros, personalização de soluções com base na experiência do cliente e outros é o de uma companhia que era considerada uma potência em seu setor, a

Blockbuster LLC – maior rede de locadoras de filmes e videogames do mundo.

Fundada no ano de 1985 na cidade de Dallas, no Texas, Estados Unidos, essa organização teve em seu auge mais de 9 mil lojas espalhadas pelo mundo, empregou mais de 84 mil indivíduos e conquistou cerca de 70 milhões de associados.[6] Porém, o sucesso só durou até o início dos anos 2000, já que, em 1997, surgiu a Netflix, uma empresa com uma proposta inovadora, que começou oferecendo aluguéis de DVDs pelo correio para posteriormente se transformar em um serviço mensal de assinatura desses discos e, depois, o streaming de vídeo que conhecemos hoje.

A grande sacada dessa companhia foi resolver duas dores do consumidor: ter que se descolocar até uma loja física para pegar os filmes e ser obrigado a pagar por cada item alugado, sem falar das multas que eram cobradas caso você se esquecesse de rebobinar a fita – na época do VHS – ou atrasasse a devolução. Ao tornar esse processo digital e cobrar um valor fixo por todo o conteúdo disponibilizado, sem custos adicionais, a Netflix conquistou o público e fez com que ele trocasse as locadoras tradicionais pelo streaming.

---

6 KERCHER, S. Blockbuster: site da locadora de filmes faz atualização e fãs da marca especulam retorno da rede. **CNN Brasil POP**, São Paulo, 27 mar. 2023. Disponível em: www.cnnbrasil.com.br/economia/macroeconomia/blockbuster-site-da-locadora-de-filmes-faz-atualizacao-e-fas-da-marca-especulam-retorno-da-rede/. Acesso em: 6 mar. 2025.

David P. Cook, dono da Blockbuster, ainda teve a oportunidade de comprar a sua concorrente em 2000 pelo valor de 50 milhões de dólares; entretanto, recusou a oferta.[7] Devido ao tamanho do seu império, Cook não imaginou que poderia ser superado e substituído por uma startup que surgira havia pouco. Acreditar que tamanho é sinônimo de estabilidade e perpetuação no mercado custou a ele 1 bilhão de dólares em dívidas e um decreto de falência. No final das contas, o que sobrou da gigante Blockbuster foi uma única unidade no estado do Oregon, nos EUA, que funciona até hoje.

Agora, quando a negligência é com a gestão financeira, o que não faltam são exemplos de grandes organizações que passaram sufoco ou fecharam as portas por não saberem fazer uma administração eficiente do que entrava e do que saía dos seus caixas.

Se você tem mais de 30 anos, já deve ter escutado – não uma, mas várias vezes – a frase "ligadona em você" em anúncios de TV e rádio dos anos 1980 e 1990. Esse era o slogan da rede de lojas de varejo Arapuã, que nasceu em Lins, no interior do estado de São Paulo, no ano de 1957, e se tornou um dos maiores empreendimentos do seu setor no Brasil, com mais de trezentos pontos de venda espalhados por todo o país em seu auge. Nessa mesma época, o negócio comandado por Jorge Wilson Simeira Jacob

---

7 BLOCKBUSTER poderia ter comprado a Netflix por US$ 50 milhões em 2000, mas achou a empresa cara. **Época Negócios**, São Paulo, 3 out. 2019. Disponível em: https://epocanegocios.globo.com/Empresa/noticia/2019/10/blockbuster-poderia-ter-comprado-netflix-por-us-50-milhoes-em-2000-mas-achou-empresa-cara.html. Acesso em: 6 mar. 2025.

bateu os 2 bilhões de reais de faturamento e conquistou um lucro líquido de 119 milhões de reais.[8]

A propósito, esse sucesso todo ocorreu exatamente porque Jacob se mantinha "ligado" nas necessidades e nos desejos dos seus clientes. Na verdade, o negócio dele surgiu de uma loja de tecidos herdada do pai, e se transformou em Arapuã porque ele percebeu que a população de Lins ansiava por outros tipos de produtos. Então, o empresário ampliou seu catálogo e ainda abriu mais uma unidade no município. Entre 1966 e 1971, abandonou a venda de tecidos, focando somente eletrodomésticos.

Já nos anos 1990, Jorge Wilson Simeira Jacob fez uma viagem aos EUA que mudou sua concepção sobre o que era empreender. Ele voltou convencido de que, para ter competitividade internacional, precisava apostar em eletroeletrônicos. Assim, o empresário fechou 120 lojas, reduziu seu portfólio de 7.500 itens para 700 e ainda abriu o capital da Arapuã. Todas as ações de Jacob até então demonstravam como ele estava atento às novas demandas dos seus consumidores e também do mercado, diferentemente de David P. Cook. Porém, quando o assunto era a administração dos recursos do seu negócio, a história era outra.

Sua companhia dependia fortemente de uma prática muito comum no período chamada crediário, que nada mais é do que uma modalidade de crédito que permite o parcelamento de compras pelo até então famoso "carnê". No entanto, ao mesmo tempo em que essa oferta de crédito ao consumidor expandia suas vendas, ela também

---

8 GIUSSANI, D. Ligadona em você: veja o que aconteceu com a Arapuã, tradicional loja dos anos 1990. **Exame**, São Paulo, 15 jun. 2024. Disponível em: https://exame.com/negocios/ligadona-em-voce-veja-o-que-aconteceu-com-a-arapua-tradicional-loja-dos-anos-1990/. Acesso em: 6 mar. 2025.

expunha o empreendimento a maiores riscos. Afinal, o cliente poderia não arcar com o compromisso, deixando a organização no prejuízo.

Além dos casos de inadimplência, a Arapuã ainda teve que lidar com a crise asiática de 1997, que aumentou a taxa de juros, desvalorizou o real e diminuiu a entrada de capital estrangeiro no Brasil. Com o tempo, seus custos começaram a aumentar, e as margens de lucro caíram cada vez mais. Sem uma estratégia efetiva e rápida para enfrentar todas essas adversidades, as dívidas da empresa se acumularam e ultrapassaram a marca de 1 bilhão de reais.

Ante esse cenário, Jorge Wilson Simeira Jacob foi obrigado a solicitar concordata – processo semelhante ao de recuperação judicial que temos hoje – para ser capaz de renegociar as dívidas da companhia e tentar reerguê-la. Porém, após ele atrasar parcelas vencidas do plano de reestruturação, a justiça determinou a falência da Arapuã. Como essa era uma decisão em primeira instância, a organização conseguiu revertê-la; contudo, o Superior Tribunal de Justiça julgou um recurso, em 2009, que acabou decretando de vez o fim do negócio. Jacob ainda perseguiu uma virada de mesa nos tribunais até 2020, mas não obteve êxito.

Percebe como entender e ajustar seu negócio à nova economia e, mais importante, saber geri-lo é essencial? Apesar dos números e *cases* negativos que apresentei neste início da nossa conversa, não quero que você desanime. O que desejo é que entenda que desafios existem e, cedo ou tarde, você vai se deparar com eles, ainda mais se não adotar as medidas certas desde o início ou se, pelo menos, não tiver a percepção de que é necessário corrigir a rota quando o caminho não se mostrar mais tão favorável. Mas, caso não saiba como fazer isso, não se desespere. Estou aqui para ajudá-lo.

O intuito deste livro é justamente ensinar o que você precisa para entrar nas estatísticas positivas de negócios escaláveis, prósperos e que se mantêm no topo, porque eles existem e não são poucos, como poderá conferir mais adiante. Além disso, aquele mesmo levantamento do Mapa de Empresas que mencionei anteriormente não traz só dados pessimistas. Ele revela também que, da mesma forma que companhias são extintas no país, outras são criadas. No ano de 2023, inclusive, o número de empreendimentos abertos foi de 3.868.687, ou seja, tivemos um saldo positivo de 1,7 milhão, com destaque para os segmentos de preparação de documentos e serviços especializados, comércio varejista de vestuário e acessórios, promoção de vendas e cabeleireiros, manicures e pedicures.

Lembre-se de que o maior obstáculo entre você e seu sonho costuma ser você mesmo. A falta de mentalidade, preparo e instrumentos corretos para administrar o seu negócio – elementos que discutiremos nos próximos capítulos – é o que costuma colocar várias pás de terra em cima dele e enterrá-lo por completo.

Por isso é tão importante que tenha este livro em mãos neste momento. Tal atitude mostra que você tem vontade de vencer e está disposto a se esforçar para buscar os meios necessários para atingir esse objetivo. É um excelente começo, talvez o mais eficiente, seguro e potente de todos. O conhecimento é a ferramenta mais poderosa e libertadora.

E então? Vamos trilhar este caminho juntos? Siga comigo pelas páginas a seguir e descubra que comandar uma empresa, independentemente do tamanho, pode ser muito mais simples e rentável do que você imagina.

É NECESSÁRIO DESMISTIFICAR O GLAMOUR EM TORNO DO EMPREENDEDORISMO E ENFATIZAR QUE EMPREENDER VAI MUITO ALÉM DA OBTENÇÃO DE UM CNPJ. TEM A VER COM ESCOLHAS, RENÚNCIAS E A CAPACIDADE DE ABSORVER IMPACTOS E RESOLVER PROBLEMAS. SIGNIFICA DESENVOLVER UMA VISÃO DE MUNDO – O QUAL COMPREENDE A EMPRESA – QUE NÃO LHE PERMITE FICAR À MARGEM DO COMANDO DA SUA PRÓPRIA VIDA.

O INTUITO DESTE LIVRO É JUSTAMENTE ENSINAR O QUE VOCÊ PRECISA PARA ENTRAR NAS ESTATÍSTICAS POSITIVAS DE NEGÓCIOS ESCALÁVEIS, PRÓSPEROS E QUE SE MANTÊM NO TOPO.

ENGENHARIA DO LUCRO

@DRAKELENABREU

02.

AS RAÍZES DA FALÊNCIA

Já que falamos tanto no capítulo anterior sobre os desafios impostos ao empreendedor brasileiro e o risco de falência que o ronda desde o início de suas atividades, antes de mergulhar nos pontos que ajudarão a tornar o seu negócio bem-sucedido acredito ser fundamental compreender exatamente o oposto: quais fatores podem levar sua empresa a fracassar? O que está por trás de tantos processos de recuperação judicial, renegociação de dívidas e, por fim – quando não há mais jeito –, quebra definitiva?

Talvez você já tenha passado pela situação de vender, vender e mesmo assim nunca ter dinheiro no bolso. Você e sua equipe – no caso de empreendimentos maiores, que contam com colaboradores – trabalham bastante, conseguem alcançar seu público-alvo e converter esses *leads* em vendas, fazendo surgir em sua cabeça o seguinte pensamento: "Agora vamos decolar". Entretanto, por incrível que pareça, sua companhia continua ali, no mesmo lugar, fechando sempre no zero a zero ou, pior, com dívidas que nunca são saldadas.

Em alguns casos, acontece de aquele fornecedor ligar cobrando e você não ter ideia do dia em que poderá pagá-lo. Com fé de que vai conseguir, você promete alegre que até determinada data terá o dinheiro em mãos. Pouco tempo depois, volta a se desesperar por não saber mais o que fazer, afinal: cadê as sobras do caixa? Então, você reza para surgir mais uma venda à vista, que lhe dê condições de cumprir a promessa feita ao seu fornecedor. Você vive um ciclo extremamente estressante e sem fim.

Após mais de quinze anos de experiência atuando com BPO Financeiro e Reestruturação Financeira, posso garantir que isso é mais comum do que você pensa. Não são poucas as empresas que enfrentam problemas financeiros silenciosos, os quais se acumulam ao longo do tempo, até se tornarem uma verdadeira bomba-relógio. Com a correria do dia a dia, muitos empresários não percebem os sinais de alerta ou simplesmente preferem acreditar que é só uma fase passageira. Contudo, ignorar os sintomas iniciais de complicações pode custar bem caro no futuro.

Posto isso, é necessário ficar atento a três indícios que costumam aparecer nesses cenários:

1. Seu faturamento cresce, mas o lucro não aparece

Esse é o primeiro caso que descrevi acima. Você acha que seu negócio está indo de vento em popa, com o número de clientes e as vendas só aumentando. No entanto, quando olha o saldo no banco, nada mudou. Isso se não estiver menor do que antes. Muitos se empolgam com o crescimento das vendas e não conseguem perceber que os custos e as despesas também subiram na mesma proporção ou até mais do que o faturamento.

Quando isso ocorre é sinal de que, provavelmente, há erros na precificação do produto/serviço, responsáveis por corroerem o lucro sem que você note. Se o preço cobrado por sua organização não cobre todos os custos nem gera um lucro saudável, sinto lhe informar: você está pagando para trabalhar. Está confundindo faturamento com lucro e, infelizmente, pode acabar colocando o empreendimento em risco.

Tenha em mente que não basta vender mais se, no final do mês, o dinheiro que sobra – se sobrar – não é suficiente para cobrir os gastos que você tem e ainda garantir um crescimento saudável.

2. Você sempre tem dinheiro entrando, mas está constantemente sem caixa

A segunda conjuntura é a do indivíduo que vive de "rolo", pagando contas com o que entra no dia e sem qualquer margem de segurança. As vendas até acontecem, os clientes pagam os boletos; no entanto, seu caixa está sempre vazio na hora de pagar fornecedores e colaboradores. O dinheiro entra com frequência, porém some rapidamente.

Nessa hipótese, é possível que sua empresa esteja com um sério descontrole no fluxo de caixa. As causas para isso costumam ser: falta de planejamento financeiro, com despesas sendo pagas sem controle; retiradas desordenadas do caixa para despesas pessoais; e não acompanhamento das contas a pagar e a receber, gerando atrasos e juros.

3. Você não tem clareza sobre os números do seu negócio

Se eu lhe perguntar agora quanto sua companhia tem de lucro líquido, você saberia me responder de bate-pronto, sem consultar nenhum documento? O ideal é que todo empresário acompanhe de perto os números do seu empreendimento, contudo não é bem isso que vemos na prática. Vários se deixam levar pela rotina e só percebem que deveriam ter tomado esse tipo de cuidado quando as dívidas já se acumularam.

Sem uma visão clara das finanças, é impossível planejar novas ações estratégicas, fazer investimentos e evitar desperdícios financeiros. A gestão vira um jogo de adivinhação, no qual as decisões são tomadas com base no "achismo", sem o apoio de dados reais.

E a consequência, claro, é o surgimento de adversidades, como endividamento, prejuízos constantes e até falência, que chegam sem aviso prévio.

Caso você tenha se visto em alguma dessas situações, não se martirize. Faço essa afirmação não só para acalmá-lo, mas porque sei que você não tem culpa de nada. Empresários normalmente iniciam negócios naquilo em que são bons. O padeiro abre uma padaria porque sabe fazer um pão muito bem, um construtor domina a arte de fazer casas, já a costureira tem o dom de fazer e reparar roupas como ninguém. O problema é que nenhum desses profissionais foi preparado para entender como lidar com um fluxo de caixa, o organograma da empresa, a descrição de cargos e salários, os detalhes financeiros dos processos de vendas, compras etc.

Às vezes seu negócio cresce devido à qualidade do seu produto/serviço, que acaba gerando uma propaganda boca a boca muito positiva, de modo que você tem a falsa sensação de lucro ao começar a fazer algumas vendas. No entanto, em razão de falhas na precificação, por exemplo, as margens de lucro que você conquista não representam uma segurança para perpetuar sua empresa.

Me arrisco a dizer que você já deve ter se sentido muito mal depois de ficar o mês todo trabalhando, vendendo, e no final de trinta dias de muito esforço não sobrar nem um centavo em seu bolso. Nem a escola nem a vida o ensinaram a empreender, tampouco fazer uma gestão financeira eficiente. Você foi treinado para estudar e, em seguida, trabalhar em uma companhia, não para gerenciar a sua própria. Não é à toa que o Sebrae apontou no estudo que vimos no primeiro capítulo que uma das grandes causas de fechamento de negócios no Brasil é a falta de preparo pessoal.

Sobre isso, a entidade constatou:

- Em média, 42% estavam desempregados antes de empreender, mas essa proporção chegou a 59% no grupo das companhias fechadas;
- Mais de 40% dos entrevistados eram funcionários de organização privada antes de abrir seu próprio negócio. Outros 37% eram autônomos sem empresa constituída;
- Em média, 42% fizeram alguma capacitação. Mas o grupo das companhias fechadas teve maior a proporção de quem não fez nenhuma capacitação.

Entre as organizações em atividade, foi maior a proporção de quem abriu porque "identificou uma oportunidade".

Um dos motivos para isso é que nosso país oferece poucas opções de educação empreendedora para os cidadãos que visem ensinar conceitos básicos de gestão e desenvolver habilidades essenciais à nova economia, como inovação, resolução de problemas, liderança, pensamento crítico e outros, em nenhum nível de ensino formal que não o das instituições de educação superior voltadas para algumas poucas áreas, dentre elas Administração, Contabilidade e Economia. Mas existem outros fatores que contribuem enormemente para essa conjuntura, como a necessidade.

QUANDO A NECESSIDADE FALA MAIS ALTO

Muitas pessoas são induzidas a empreender por necessidade, e não por ter uma habilidade natural para isso, com interesse em aprender cada vez mais sobre o assunto e uma mentalidade totalmente ajustada ao que essa tarefa exige. Prova disso são os dados do

Global Entrepreneurship Monitor (GEM) de 2021,[9] que mostram que 48,9% das novas organizações do país são abertas ou mantidas por esse motivo.

Segundo essa edição do GEM, o índice costuma aumentar especialmente em tempos de crise econômica, quando o desemprego cresce, e as pessoas precisam recorrer a formas alternativas de ganhar dinheiro para pagar as contas e sustentarem suas famílias. Não é à toa que o Sebrae e a Anegepe registraram um número tão alto logo no ano de 2021. Nesse período, estávamos ainda no pico da pandemia de covid-19, e vários profissionais que haviam perdido seus empregos tiveram que improvisar vendendo comida por delivery, produtos diversos via e-commerce, entre outros.

O estudo ainda aponta que o empreendimento por necessidade é muito comum entre mulheres que se tornam mães e não conseguem retornar ao mercado de trabalho, seja porque os patrões acreditam que elas serão muito demandadas pela criança e não terão condições de trabalhar direito ou por não terem acesso a creches e uma rede de apoio que lhes permitam sair de casa tranquilas para desenvolver suas atividades laborais, sabendo que o bebê está sendo bem cuidado por alguém.

É por motivos como esse que as taxas de mortalidade de empresas são tão altas no Brasil. Geralmente, as pessoas não estão preparadas para comandar um negócio, então não sabem o que vão enfrentar

---

9 EMPREENDER por necessidade também pode ser criativo. **Sebrae**, 2023. Disponível em: https://sebrae.com.br/sites/PortalSebrae/artigos/empreender-por-necessidade-tambem-pode-ser-criativo,6a3b67391b2c6810VgnVCM1000001b00320aRCRD. Acesso em: 10 mar. 2025.

e cometem erro atrás de erro. Entretanto, existe outro ponto que costuma piorar ainda mais o problema: as crenças limitantes.[10]

PERCEPÇÕES QUE NOS LIMITAM

Mesmo muitos empreendedores não tendo um conhecimento prévio de gestão, percebo que eles não correm atrás de aprender pelo menos o básico sobre o tema. Até porque, se você gostasse de finanças, não teria aberto uma loja de roupas, um salão de beleza ou um treinamento on-line de vendas, não é mesmo? Pensamos assim porque colocaram em nossas mentes que gerenciar o financeiro de uma companhia é difícil. Essa é uma daquelas visões equivocadas da realidade que teimamos em enxergar como verdades absolutas, mas que necessitam ser reavaliadas.

A isso damos o nome de crenças limitantes. Elas são fruto das percepções e interpretações que acumulamos sobre nós mesmos, os outros e o mundo à nossa volta ao longo de toda uma vida. A educação recebida, os indivíduos com quem convivemos, os lugares que frequentamos, as experiências vivenciadas, tudo isso contribui para que formemos um juízo sobre todas as coisas que nos cercam, e ele é manifestado por meio de determinados tipos de pensamentos, sentimentos e atitudes. É como um quebra-cabeça que vai sendo montado conforme vamos crescendo e aprendendo.

No entanto, se paramos para analisar com cuidado, pode ser que algumas dessas peças não se encaixem tão bem. Precisamos compreender que nem sempre as ideias que conservamos – mesmo aquelas que

---

10 CUNHA, S. Crenças limitantes: veja o que são e 6 tipos de que você precisa se livrar. **Uol**, São Paulo, 11 nov. 2019. Disponível em: www.uol.com.br/vivabem/noticias/redacao/2019/11/11/crencas-limitantes-veja-o-que-sao-e-6-tipos-de-que-voce-precisa-se-livrar.htm. Acesso em: 10 mar. 2025.

nos foram passadas por nossos pais e que já estão enraizadas em nós há anos – são incontestáveis. Podemos ter aprendido algo que não estava tão certo assim ou que simplesmente mudou. As coisas se modificam o tempo inteiro, e não existe mal algum em revisá-las. Quando negamos essa possibilidade, nos impedimos de encarar novos desafios, desenvolver habilidades e expandir nosso potencial, isto é, nos limitamos.

As principais crenças limitantes

- **Hereditárias:** são aquelas crenças que adquirimos durante a infância, a partir das falas e atitudes dos nossos próprios familiares. Por exemplo, se seus pais não lidavam bem com dinheiro, é possível que você também acabe tendo problemas com isso, pois aprendeu a não ligar ou a gerir mal os seus recursos financeiros;
- **Pessoais:** ocorre quando crescemos ouvindo críticas dos outros. Ao ver pessoas apontarem falhas em você o tempo inteiro, por consequência você internalizará a ideia de que não é capaz;
- **Sociais:** são todas aquelas crenças culturais, absorvidas por nós por serem amplamente difundidas na sociedade. Um exemplo é: "Você só será aceito se tiver o estereótipo X";
- **Lógica equivocada:** quando acreditamos que algo vai acontecer por uma mera associação que fazemos em nossas mentes. Por exemplo, "Se não passei no vestibular de uma universidade X, logo não serei capaz de passar no da Y";
- **Desculpas:** é quando usamos uma desculpa para não ter que fazer algo que nos tira da nossa zona de conforto. Exemplo: você não gosta de se exercitar e diz que não vai à academia porque não tem tempo;
- **Medo:** crença que cultivamos apenas por medo de alguma situação. Exemplo: você tem receio de dançar e virar chacota porque não domina bem essa arte, então diz que não sabe para não ter que dançar ou, pior, chega a recusar convites para ir a festas e se divertir.

Você já deve ter falado ou escutado indivíduos próximos a você reproduzirem frases como:

- "Já estou muito velho para começar/aprender";
- "Não vou conseguir";
- "Não sou bom o suficiente";
- "Os outros são bem melhores do que eu";
- "Eu não mereço isso";
- "Está bom assim";
- "Sempre funcionou desta forma, não precisa mudar";
- "Esse é o meu jeito, não consigo ser diferente";
- "Não tenho tempo para isso";
- "Eu nasci pobre e vou morrer pobre";
- "Não tenho sorte" e por aí vai.

Essas frases nada mais são do que crenças limitantes que o impedem de alcançar o sucesso. Sendo assim, que tal começar a se livrar delas? Ninguém nasce sabendo administrar um negócio. Técnicas de gestão financeira devem ser estudadas com calma e cuidado para serem bem aprendidas e colocadas em prática da melhor maneira possível.

Vi de perto o que a falta de informação/conhecimento pode fazer com um empreendedor. Quando eu era criança, minha mãe, que era costureira, decidiu abrir uma confecção. Inicialmente, ela trabalhou sozinha; porém, após um tempo convidou algumas vizinhas para se juntarem a ela. Mesmo sem saber nada sobre gestão, estava lá se empenhando para ganhar seu dinheirinho e ainda permitir que outros também trabalhassem. Na época, ela não sabia nem o que era um CNPJ. Até o dia em que um conhecido sugeriu: "Dona Terezinha, a senhora tem que abrir um CNPJ". E assim ela fez, sem preocupação ou preparo.

Como não sabia sobre as regras às quais estava submetida, minha mãe não cumpriu qualquer obrigação fiscal comum aos empresários brasileiros, tais como: pagamento de contribuição mensal (DAS); emissão de nota fiscal; preenchimento de relatório mensal; envio de Declaração de Faturamento Anual etc. Como se não bastassem essas pendências com o fisco, ela ainda deixou que outro amigo tomasse valores emprestado em nome da sua organização. O resultado foi o bloqueio do seu CPF. Minha mãe sempre foi uma pessoa muito honesta e, nesse dia, pude ver nos olhos dela uma tristeza profunda, um desapontamento de quem nunca imaginou que passaria por uma situação dessa.

Veja o que a desinformação e o despreparo podem causar em alguém talentoso e com boa vontade, porém sem orientação adequada. Foi devido àquela dor que enxerguei nela, naquele instante, que tomei a decisão de dedicar a minha vida a ajudar empresários com dificuldades ou que querem crescer sem ter que passar por tantos percalços. Acredite! Você pode, sim, dominar o universo da gestão financeira. Comece jogando essa crença limitante do "eu não sei" ou "não dou conta" na lata do lixo e confie em você mesmo e no seu potencial.

Tenho certeza de que você é muito bom no que faz, senão não abriria uma empresa. Ademais, se você teve a coragem de assumir todos os riscos que envolvem empreender e está disposto a trabalhar para que seu negócio dê certo, você já está fazendo a parte mais difícil. Aprender conceitos básicos de gestão não precisa necessariamente ser um bicho de sete cabeças.

Sei que o "financês", com todos os seus jargões, pode assustar; contudo, estou aqui para traduzi-lo para você. Vou lhe ensinar tudo o que você precisa saber através de um método simples e direto que desenvolvi ao longo de anos de estudo e experiência com pessoas que passam pelo mesmo que você. Venha comigo conhecê-lo!

Pronto para transformar a sua realidade e a da sua empresa?

VOCÊ PODE, SIM, DOMINAR O UNIVERSO DA GESTÃO FINANCEIRA. COMECE JOGANDO ESSA CRENÇA LIMITANTE DO "EU NÃO SEI" OU "NÃO DOU CONTA" NA LATA DO LIXO E CONFIE EM VOCÊ MESMO E NO SEU POTENCIAL.

ENGENHARIA DO LUCRO

@DRAKELENABREU

03.

LUCRO REAL: A VIRADA DE QUE SUA EMPRESA PRECISA

"Se eu estiver sonhando, não me acorde!". Recebi essa mensagem recentemente de um cliente de uma empresa, porque eles ultrapassaram o Ebitda *(Earnings Before Interest, Taxes, Depreciation, and Amortization* ou, em português, Lucro Operacional Antes de Juros e Impostos) de 40%. Mas nem sempre foi assim. Quando chegaram até mim, em 2023, este era o cenário:

	04/2023		05/2023		06/2023	
> 1 Categoria	**Realizado ($)**	**%**	**Realizado ($)**	**%**	**Realizado ($)**	**%**
7: (+) RECEITA BRUTA OPERACIONAL	186.935,05	100%	233.508,75	100%	257.918,25	100%
16 (-) DEDUÇÃO SOBRE PRODUTOS E SERVIÇOS	25.698,99	13.7%	37.896,57	16.2%	40.772,65	15.8%
55 (=) RECEITA LÍQUIDA	161.236,06	86.3%	195.612,18	83.8%	217.145,60	84.2%
16 (-) CUSTOS VARIÁVEIS	9.311,40	5%	4.625,14	2%	7.744,03	3%
5 (=) LUCRO OPERACIONAL BRUTO	151.924,66	81.3%	190.987,04	81.8%	209.401,57	81.2%
45 (-) DESPESAS VARIÁVEIS	102.499,70	54.8%	115.648,92	49.5%	143.212,64	55.5%
0E (=) MARGEM DE CONTRIBUIÇÃO	49.424,96	26.4%	75.338,12	32.3%	66.188,93	25.7%
59 (-) DESPESAS OPERACIONAIS	65.186,18	34.9%	71.011,38	30.4%	76.378,04	29.6%
(=) LUCRO OPERACIONAL ANTES DE JUROS E IMPOSTOS (EBITDA)	-15.761,22	-8.4%	4.326,74	1.9%	-10.189,11	-4%
3 (+/-) RESULTADO FINANCEIRO	533,89	0.3%	576,01	0.2%	767,53	0.3%
7 (=) RESULTADO OPERACIONAL ANTES DO IRP e-CSLL	-15.227,33	-8.1%	4.902,75	2.1%	-9.421,58	-3.7%
(-) PROVISÃO	0,00	-	0,00	-	0,00	-
17 (=) LUCRO LÍQUIDO ANTES DE AMORT./PART.	-15.227,33	-8.1%	4.902,75	2.1%	-9.421,58	-3.7%

O Ebitda deles costumava ser negativo ou, quando positivo, ficava abaixo de 2%. Nas reuniões, sempre lembrávamos o primeiro pilar da metodologia M2CS, o Mindset do Lucro. Eu dizia: "Vamos focar o lucro". Porém, eles ainda se perdiam na estrutura e na comodidade de vender valores parecidos todo mês. Mas continuamos no segundo pilar: Confiabilidade dos dados. Com muitos dados ainda confusos e mistura de PF com PJ, foi preciso não somente trabalharmos a mente, mas mostrar que isso entregava um bem valioso, a Clareza dos dados, nosso terceiro pilar.

O problema deles estava na grande dependência dos afiliados e, acima de tudo, na falta de ação com foco nas vendas com margem de lucro que suportasse a estrutura da empresa. Ao ver com clareza para onde estava indo o dinheiro, os sócios começaram a acompanhar o lucro mês a mês e foram percebendo que, ao focar um grande marco, todo o resto fazia mais sentido. Passaram a perceber: "Opa, por que este mês, mesmo vendendo mais, o lucro foi menor? Ah, foi por conta de como criamos nosso plano de afiliação. Bora mudar". Assim, aos poucos, a dependência foi diminuindo, e os novos afiliados entraram com outro modelo. Mas, nos próximos meses, continuaram se perguntando: "O que ainda podemos melhorar?". Então também viram de maneira clara que a taxa que pagavam para a plataforma comia grande parte do lucro, o que os levou a mudar de plataforma e economizar mais uns 5%.

No próximo mês, obtiverem mais clareza. Estava ficando gostoso e divertido ver a linha de lucro, o dinheiro entrando na conta na distribuição. "Espera, estamos pagando um escritório que não usamos, não faz sentido, vamos rescindir". A partir de então, com a energia em focar o lucro, veio a Segurança, nosso quarto pilar – voltado para escalar o negócio, o que envolve investir mais em tráfego pago, porque traz previsibilidade e segurança nos dados.

Por fim, recebi aquela mensagem. Nos últimos meses, enquanto finalizava este livro, a empresa estava com média de lucro de 31,5%.

Agora que vamos adentrar a parte mais prática desta obra, voltemos àqueles três sinais que sua empresa normalmente dá quando não está caminhando bem. Para corrigir cada um dos casos descritos lá no início do Capítulo 2, há medidas específicas que devem ser tomadas. Veja:

1. **Seu faturamento cresce, mas o lucro não aparece**
   - *Analise seus custos:* veja exatamente para onde o dinheiro está indo e quais despesas podem ser reduzidas.
   - *Revise sua precificação:* confira se você está cobrando o suficiente. Inclua todos os gastos no cálculo do preço final.
   - *Defina um percentual fixo de lucro:* saiba que toda venda precisa gerar ganho, e esse ganho deve ser separado da operação.

2. **Você sempre tem dinheiro entrando, mas está constantemente sem caixa**
   - *Separe as contas pessoais das contas da empresa:* essa é a regra de ouro de qualquer negócio financeiramente saudável.
   - *Crie um fluxo de caixa:* tenha o cuidado de planejar todas as entradas e saídas para evitar surpresas no final do mês.
   - *Tenha uma reserva de emergência:* um bom caixa evita que você precise recorrer a empréstimos ou que fique no vermelho.

3. **Você não tem clareza sobre os números do seu negócio**
   - *Disponha de relatórios financeiros claros e atualizados:* monitorar as receitas, as despesas e o lucro é essencial para uma boa gestão.

- *Acompanhe seu lucro real, não apenas o faturamento:* o que importa é o capital que realmente sobra, não apenas o valor das vendas.
- *Use um sistema ou uma ferramenta de gestão financeira:* isso facilita o controle e evita que números importantes se percam.

Perceba que, para conseguir colocar isso em prática, é necessária uma noção mínima de finanças. Você deve compreender a diferença entre termos como lucro e faturamento, e saber efetuar alguns cálculos que revelarão a situação atual do seu empreendimento, entre eles: margem de lucro, fluxo de caixa, custo de aquisição de clientes (CAC), ticket médio, endividamento e outros. Porém, antes de pensar *Meu Deus! Não sei fazer isso*, lembre-se do que eu disse antes: você é capaz, desde que, claro, abandone crenças limitantes e procure os meios certos para absorver o conteúdo.

Foi pensando nisso que desenvolvi o método Lucro Real – M2CS. Ele surgiu a partir de todos os meus anos de experiência como profissional na área de finanças, atendendo aos mais variados tipos de empreendedores, que estão à frente desde empresas individuais às de grande porte. Ao estabelecer uma conexão com esses indivíduos e ter os relatórios financeiros de suas organizações totalmente abertos para mim, pude sentir suas verdadeiras dores e perceber em quais pontos eles realmente necessitavam de apoio para superar as barreiras que os impediam de decolar de vez.

Após muitos cursos, mentorias e treinamentos realizados, e estudo aprofundado do tema – através de graduação em Administração, especialização em BSC (*Balanced Scorecard*, ou, em português, Indicadores Balanceados de Desempenho) e em Mapeamento em Processos e Finanças, mestrado e doutorado em Administração

Estratégica –, que me permitiram gerenciar mais de 1 bilhão de reais por ano e salvar diversos negócios da falência, entendi que o grande problema é exatamente tudo o que já venho relatando para você, leitor, ao longo das últimas páginas.

O que não falta para os empresários brasileiros é domínio sobre seus setores de atuação. De modo geral, eles têm cada vez mais know-how sobre seus produtos ou serviços. Contudo, quando chego para auxiliá-los, constato um descuido financeiro que quase sempre advém da falta de tempo e conhecimento para lidar com os números dos seus empreendimentos. Movida pela vontade de revolucionar a forma como empresários de todo o país constroem as suas companhias e de diminuir a mortalidade destas no Brasil, decidi apostar no poder transformador da educação.

Afinal, foi por meio do estudo que consegui mudar a realidade da minha família. Pude não só me tornar uma profissional de referência em meu segmento, conquistando liberdade e posses ao investir no meu aprendizado, como também orientar tantas pessoas para que elas possam ter condições reais de prosperar em seus negócios. Isso mostra que o conhecimento é realmente a arma mais poderosa que alguém pode ter pois, além de abrir portas importantes, também contribui para que você transponha as barreiras mais difíceis e alcance todo o seu potencial.

Através da educação, podemos ampliar saberes e habilidades, o que permite que sejamos mais conscientes, críticos e criativos. Com isso, nos tornamos mais preparados para lidar com o mundo e suas inúmeras adversidades, uma vez que essas características nos proporcionam maior autonomia e confiança para pensar e agir. A partir daí, temos condições de sermos pessoas e profissionais muito melhores, o que resulta em mais oportunidades, uma carreira consolidada e, quem sabe, a renda com a qual sempre sonhamos.

ATRAVÉS DA EDUCAÇÃO, PODEMOS AMPLIAR SABERES E HABILIDADES, O QUE PERMITE QUE SEJAMOS MAIS CONSCIENTES, CRÍTICOS E CRIATIVOS.

ENGENHARIA DO LUCRO

@DRAKELENABREU

Com isso em mente, elaborei um método composto de quatro passos que se baseiam especificamente no lucro. Por quê? Pense comigo, se lucro é o que todo empresário precisa para tornar seu negócio sustentável, escalável e bem-sucedido, este deve ser o foco de toda e qualquer companhia, não é mesmo? Além disso, vivemos em uma sociedade capitalista. Isso significa que todos nós trabalhamos para obter dinheiro ao final do mês, afinal tanto CNPJs quanto CPFs precisam de capital para sobreviver. Portanto, a peça central do M2CS não poderia ser outra que não o lucro.

A IMPORTÂNCIA DOS DADOS E DA ORGANIZAÇÃO FINANCEIRA

Táticas eficientes de verdade só podem ser concebidas quando nos baseamos em dados e informações confiáveis. Sempre vamos precisar partir da coleta de números e de suas análises por indicadores para tomar qualquer decisão. Você terá que identificar os custos da sua produção, os gastos com funcionários, as entradas e saídas e outros. Assim, conseguirá compreender a situação atual do seu empreendimento e criar planos de ação para melhorar os resultados. Isso é o básico.

Porém, é preciso atenção ao processo. Não adianta ter um *dashboard* bonito com dados errados. Como você vai fazer um controle de caixa, por exemplo, se os números das transações financeiras relacionadas ao caixa da organização, como vendas em dinheiro, pagamentos a fornecedores, salários, despesas operacionais, entre outros são inconsistentes? Usar números que não condizem exatamente com a realidade ou ignorar algum deles pode gerar distorções capazes de trazer consequências sérias para o seu negócio.

Nesse caso, é possível que a companhia enfrente problemas de liquidez. Se você subestimar as saídas de caixa ou superestimar as entradas, por exemplo, talvez acredite que tem mais dinheiro do que realmente tem. Quando isso acontece, pagar contas se torna mais difícil, pois há menos recursos financeiros disponíveis. Outra dificuldade que surge é o descumprimento das obrigações fiscais. Quem não considera corretamente impostos a pagar e prazos de entrega de declarações fiscais pode acabar incorrendo em irregularidades passíveis de multas e outras penalidades.

Deixar de lado ou não ter o devido cuidado ao analisar dados cruciais, como indicadores financeiros – dentre eles: liquidez corrente, rentabilidade etc. –, pode atrasar a identificação de complicações financeiras na companhia. Inclusive, dependendo do estágio em que o problema se encontrar, quando você tomar conhecimento dele, talvez seja tarde demais. Mesmo que as coisas não cheguem a esse ponto, o mínimo que pode acontecer nesse tipo de situação é você acabar tomando decisões que não são ideais para o empreendimento, por se basear em números imprecisos, investindo em áreas inadequadas e/ou desperdiçando capital.

Esses são só alguns poucos exemplos de dificuldades que podem ser encaradas por sua organização. Além disso, ela também corre o risco de enfrentar: índices de inadimplência crescentes, problemas com clientes, falta de controle sobre despesas, perda de oportunidades de mercado, desorganização no controle financeiro, dificuldade de acesso a crédito, impacto negativo na reputação e até risco de insolvência. Portanto, nunca abra mão de dados confiáveis; só eles são capazes de dar a clareza de que você tanto necessita para gerir o seu negócio.

Alguns dos problemas mais comuns, quando o assunto é a qualidade das informações financeiras coletadas, são:

- Erros humanos no registro dos números;

- Anotações de dados incompletos ou insuficientes;
- Falta de padronização das informações entre sistemas e departamentos diferentes;
- Falta de atualização constante dos números.

Em outros termos, o que quero dizer é: no final das contas, tudo é cálculo. Entretanto, por incrível que pareça, não são poucas as companhias que negligenciam esse princípio. Por isso, operam no vermelho e acabam quebrando. Mas não há nada de mirabolante aí. Você não precisa lançar mão de fórmulas complexas para encontrar os números que servirão de referência para essa tarefa. Na verdade, o que tem que fazer é se concentrar em realizar o controle básico bem-feito. Esse é o caminho para criar e manter um empreendimento saudável no médio e longo prazo.

Quer uma prova disso? Há três anos, atendo Samuel Pereira, fundador de uma das maiores plataformas de ensino de tráfego e audiência da internet, além de um dos maiores eventos dessa área. Apesar de sua companhia já ter um prestígio que vem de anos de atuação nesse mercado, Pereira afirma que, após contratar meus serviços de controladoria e BPO, os resultados do seu negócio se potencializaram. Quando chegou até mim, o empresário revelou que estava em busca, em especial, de uma maior organização financeira. Com essa informação em mãos, dei início à coleta e estudo de dados a fim de realizar um diagnóstico completo do seu negócio.

Ao identificar alguns pontos de melhoria, fizemos trocas que lhe renderam um conhecimento que ele atualmente julga essencial para a empresa. Hoje, Samuel Pereira sabe com precisão todos os gastos que tem com sua operação e o que pode fazer para economizar mais. Ele conta que, agora, já consegue olhar para determinados custos e perceber de cara se estão elevados, se são supérfluos e se podem ou não ser reduzidos ou cortados. "Uma das principais coisas que mudaram foi a clareza e a definição de metas, bem como trabalhar por orçamento e objetivos a serem alcançados", destaca.

Outro benefício que Pereira notou quando organizou o financeiro da companhia foi que outros setores também acabaram se ordenando automaticamente, como o departamento de Recursos Humanos (RH). Antes de abrir novas vagas, ele aprendeu como calcular os custos que cada um dos profissionais contratados ia gerar para a empresa e qual era o investimento necessário para efetuar o processo de seleção e admissão. O empresário destaca que tudo passou a se encaixar melhor e funcionar como uma máquina, em que uma engrenagem impulsiona a outra e faz com que todo o sistema se mova em perfeita harmonia.

O que aprendeu durante todo esse processo, Samuel Pereira também implementou como investidor, passando não só a verificar como anda a organização financeira das companhias que pleiteiam seus recursos, como inclusive a exigir isso delas. "Vejo tantos empreendedores que não sabem responder já na segunda ou terceira pergunta, não têm um DRE (Demonstração do Resultado do Exercício) claro [...]. Você não sabe quanto pode investir em um projeto se não tem essa ideia, uma apuração tão clara do financeiro", explica.

Viu como o cuidado com a gestão financeira da sua organização é fundamental? Sem ele, você pode até perder oportunidades preciosas de investimento. Caso queira ver o depoimento completo de Samuel, dono da plataforma e do evento de ensino de tráfego e audiência da internet, para saber em detalhes como o meu trabalho e método contribuíram com a escalada cada vez maior do seu negócio, basta apontar o smartphone para o QR Code a seguir:

www.youtube.com/watch?v=o95VA23gvFQ

Se você também está ansioso para ter resultados parecidos, está na hora de conhecer um pouco mais o Lucro Real – M2CS. Vamos lá?

LUCRO REAL – M2CS

O método é divido nas seguintes etapas:

1. Mindset do Lucro;
2. Confiabilidade;
3. Clareza;
4. Segurança.

O nome é uma sigla formada pela inicial de cada um desses passos:

M	2C	S
Mindset do Lucro	Confiabilidade e Clareza	Segurança

Como você já sabe, as crenças limitantes são capazes de paralisar uma pessoa e impedi-la de colocar todos os seus sonhos em prática por pura insegurança, medo ou concepções distorcidas, que mais atrapalham do que ajudam. Para que você não caia nessa armadilha e consiga iniciar ou seguir com sua história no trilho certo, é essencial primeiro trabalhar a sua mentalidade, orientando-a para uma perspectiva de crescimento que vise ao lucro, isto é, desenvolver um **Mindset do Lucro**. Temos que desconstruir a ideia de que almejar bons rendimentos é algo negativo, que está relacionado à ganância.

Não existe uma alternativa. Para que qualquer empreendimento sobreviva, ele necessita de dinheiro sobrando no caixa. Então, por que ver a busca pelo lucro como algo ruim? Precisamos, sim, persegui-lo. Já está mais do que na hora de mudar a forma como pensamos e nos relacionamos com o capital, e o intuito desse primeiro passo é o auxiliar com isso.

Em seguida, partimos para a etapa da **Confiabilidade**. Mas o que seria essa confiabilidade? Utilizo o termo justamente para que fique gravada em sua memória a importância de ter dados financeiros confiáveis. Mais do que estabelecer indicadores, colher números e realizar cálculos, uma boa gestão financeira envolve primeiramente estar atento à fidedignidade e à qualidade dos dados. Afinal, um algarismo errado já é suficiente para atrapalhar todas as contas, o que impacta diretamente a tomada de decisões.

Números confiáveis oferecem a compreensão de que você necessita para conseguir deliberar e guiar cada pequeno detalhe da companhia, desde saber para onde vai cada centavo até capacitar funcionários para fazerem o que foram contratados para fazer, o que permite usar o melhor de cada um, construindo um ambiente harmonioso e focado no lucro.

Já a **Clareza** consiste na análise propriamente dita desses dados. Aqui, você vai aprender a maneira correta de fazer os principais cálculos para ter uma Demonstração de Fluxo de Caixa (DFC), uma Demonstração do Resultado do Exercício (DRE) e um Balanço Patrimonial fidedignos, que revelem com exatidão para onde o seu dinheiro está indo. Assim, você terá condições de manter um empreendimento gerenciado por orçamento e sempre focado em diminuir as despesas operacionais, a fim de garantir que a escala possa vir sem diminuir os resultados. Não é perfeito?

Por fim, no passo **Segurança**, lhe ensinarei como a confiança que você deposita no conhecimento que detém e na metodologia que escolheu para aplicar em sua organização vão contribuir na hora de usar cada uma das informações obtidas na etapa anterior para avaliar os riscos fiscais, tributários e trabalhistas do seu negócio. Se seguir à risca todas as dicas que darei a partir do próximo capítulo, ao chegar a este último item você terá tudo de que precisa para realizar as melhores escolhas para o seu empreendimento, assegurando o êxito dele.

No final das contas, o M2CS tem como objetivo implantar a cultura do lucro nas empresas, transformando cada envolvido no negócio em um guardião do dinheiro. Em meu método trago lições valiosas sobre o que pode e deve ser feito em cada momento para incorporar e fazer a máxima "ganhar mais e gastar menos" ser exercitada todos os dias dentro da companhia. Tanto o dono quanto os envolvidos no processo serão levados a focar uma única coisa, o lucro de verdade! A proposta é que todos percebam que ações que parecem óbvias, quando bem-feitas diariamente, fazem total diferença nos resultados financeiros de um negócio.

Ficou interessado? Então, que tal partir para a prática?

EMPRESAS SÃO CRIADAS PARA DAR LUCRO. NÃO EXISTE PROBLEMA EM GANHAR DINHEIRO! MUITOS FUNDADORES E ATÉ MESMO LÍDERES ACABAM LIMITANDO A EXPANSÃO E O CRESCIMENTO DA EMPRESA SEM PERCEBER. PARA PROMOVER MUDANÇAS SIGNIFICATIVAS NO SEU NEGÓCIO, É PRECISO TRABALHAR, DE MANEIRA INTENCIONAL E CLARA, COM O FOCO NA OBTENÇÃO DE LUCROS E MANUTENÇÃO DE CAIXA SAUDÁVEL.

PARA QUE QUALQUER EMPREENDIMENTO SOBREVIVA, ELE NECESSITA DE DINHEIRO SOBRANDO NO CAIXA. ENTÃO, POR QUE VER A BUSCA PELO LUCRO COMO ALGO RUIM? PRECISAMOS, SIM, PERSEGUI-LO.

ENGENHARIA DO LUCRO
@DRAKELENABREU

04.

PASSO 1: MINDSET DO LUCRO

Tudo começa pela mentalidade, ou seja, as características da mente que determinam os nossos pensamentos, comportamentos e atitudes. Indivíduos que focam apenas seus aspectos negativos e os das situações tendem a ter muito mais dificuldade para alcançar metas e realizar sonhos. Antes de começar qualquer coisa, é necessário que você internalize que todos cometem erros, têm pontos a melhorar e passam por adversidades na jornada. Essas não são questões exclusivamente suas. Por isso mesmo, não deixe que elas o abalem.

Compreenda que é possível aprender com as falhas, que habilidades podem ser desenvolvidas e que obstáculos também são passíveis de serem superados. É claro que nada disso é fácil. Não basta somente acreditar que tudo dará certo para que sua vida mude da água para o vinho, como em um passe de mágica. Quando eu e tantos outros destacamos o poder da mente, estamos nos referindo ao impacto que o pensamento positivo e focado no lugar certo tem de lhe dar ânimo, resistência e maleabilidade para enfrentar todo e qualquer tipo de desafio, levando-o a conquistar o seu objetivo final.

Desde que a psicóloga norte-americana e professora da Universidade de Stanford Carol Dweck iniciou seus estudos sobre o tema, inúmeras pesquisas[11] surgiram para comprovar que um mindset correto está intimamente ligado ao sucesso, seja na carreira, nos estudos ou na vida pessoal. Essa pioneira e outros nomes, como o empresário, palestrante e escritor também norte-americano Mark W. Johnson, indicam por meio de suas obras que pessoas que veem o mundo sob uma perspectiva mais otimista e centrada em seus propósitos tendem a ser mais resilientes, alcançando maiores índices de realização e felicidade.

DOIS EXEMPLOS

Algumas personalidades que costumam ser usadas como exemplo desse tipo de mentalidade são Oprah Winfrey e Michael Jordan. Nascida em Kosciusko, no estado do Mississipi, nos EUA, Oprah[12] teve uma infância bastante difícil. Além da pobreza extrema, a apresentadora e empresária sofreu diversos abusos da mãe, de familiares e de amigos. Sua vida só começou a se transformar quando ela se mudou para Nashville, no Tennessee, para morar com o pai. Lá, Oprah Winfrey venceu o concurso de Miss Nashville e Miss Black Tennessee, o que lhe rendeu um emprego como âncora numa rádio local e uma bolsa de estudos na Universidade de Tennessee State.

Concentrando em suas habilidades e vontade de vencer na vida, a apresentadora se dedicou ao curso de Comunicação e se tornou a

---

11 ALMEIDA, N. V. de. O impacto da mentalidade de crescimento no alcance de objetivos e bem-estar pessoal. **Revista Tópicos**, 2024. Disponível em: https://revistatopicos.com.br/artigos/o-impacto-da-mentalidade-de-crescimento-no-alcance-de-objetivos-e-bem-estar-pessoal. Acesso em: 20 mar. 2025.

12 GARCIA, I. Oprah Winfrey: conheça a história da apresentadora e empresária bilionária. **Expert XP**, 2024. Disponível em: https://conteudos.xpi.com.br/aprenda-a-investir/relatorios/oprah-winfrey. Acesso em: 20 mar. 2025.

primeira âncora afro-americana na TV de seu município. Depois, assumiu um jornal em Baltimore e comandou um programa chamado *People Are Talking*. Ao partir para Chicago, em Illinois, ela participou da reformulação de um jornal matinal da cidade, que mais tarde se transformaria no seu famoso *The Oprah Winfrey Show*, o qual permaneceu no ar por 25 anos, de 1986 a 2011, conquistando milhões de telespectadores pelos EUA e pelo mundo.

Atualmente, Oprah tem sua própria emissora, duas revistas, uma produtora de filmes e peças de teatro. Também lançou vários livros, é filantropa e é considerada uma das mulheres mais ricas do mundo, com uma fortuna acumulada em 2,8 bilhões de dólares (14,1 bilhões de reais), segundo levantamento de 2024 da revista *Forbes*.[13]

O atleta norte-americano Michael Jordan[14] é outro caso de superação. Devido a seu foco, sua resiliência e sua visão estratégica, ele é considerado um dos maiores jogadores de basquete da história. Apesar de já ter se aposentado há mais de vinte anos, Jordan ainda mantém seu posto de lenda viva desse esporte, graças à conquista de diversos títulos, recordes e prêmios como ala-armador dos times Chicago Bulls e Washington Wizards.

Nascido em Nova York, ele se mudou com seus pais para a Carolina do Norte ainda bebê. Ali estudou na Emsley A. Laney High School, em Wilmington, onde teve a chance de entrar para a equipe

---

13 WU, N. Rihanna, Taylor, Oprah e as outras mulheres self-made mais ricas do mundo. **Forbes**, 2024. Disponível em: https://forbes.com.br/forbes-mulher/2024/04/rihanna-taylor-oprah-e-as-outras-mulheres-self-made-mais-ricas-do-mundo/#foto1. Acesso em: 20 mar. 2025.

14 MICHAEL Jordan: tudo sobre o empresário e astro do basquete. **Genial Investimentos**, 2023. Disponível em: https://blog.genialinvestimentos.com.br/michael-jordan/. Acesso em: 20 mar. 2025.

de basquete da escola e participar da partida amistosa McDonald's All-American Game, que seleciona os melhores jogadores para a liga universitária. Contudo, isso não garantiu sua convocação. Na verdade, ele foi recusado várias vezes até finalmente ser aceito pela Universidade de Carolina do Norte, em 1981.

Um ano depois, Michael Jordan foi o responsável por marcar a cesta do título do seu time contra a Universidade de Georgetown. Já em 1984, o atleta entrou no Draft da National Basketball Association (NBA), processo em que jogadores amadores são escolhidos por franquias para ingressar na liga profissional. Pouco tempo depois, estava estreando pelo Chicago Bulls, time em que brilhou e pelo qual se consolidou na carreira. Na primeira temporada, recebeu o título de calouro do ano. Na segunda, fraturou o pé esquerdo; entretanto, superou essa adversidade e, quando retornou no ano seguinte, marcou nada mais, nada menos do que 3 mil pontos em uma única temporada.

Seu próximo feito foi ser o primeiro atleta da liga a ter duzentos roubos e cem tocos em uma temporada. Entre 1987 e 1988, recebeu o prêmio de MVP (*Most Valuable Player*), que agracia os jogadores mais valiosos do país, e entre 1990 e 1991 conquistou o seu primeiro título com a camisa da equipe de Chicago. No entanto, ao atingir o auge da carreira, no ano de 1993, Michael Jordan surpreendeu a todos anunciando sua aposentadoria por questões pessoais. Alguns meses antes, seu pai havia sido assassinado por adolescentes, e ele precisou de um tempo para se recuperar.

Como uma homenagem ao pai, fã de beisebol, chegou a atuar na modalidade nesse período. Quando se refez, Jordan não conseguiu ficar longe das quadras e voltou para o Chicago Bulls, vencendo os campeonatos de 1995–1996, 1996–1997 e 1997–1998. Antes de encerrar a carreira, no Washington Wizards, também logrou o feito de se tornar o primeiro jogador com mais de 40 anos a marcar 43 pontos em um único jogo da NBA.

Fora do basquete, Michael Jordan demonstrou igual talento no mundo dos negócios e investimentos. Participou de inúmeras campanhas publicitárias como garoto-propaganda de grandes marcas, entre elas: Gatorade, Nike, Coca-Cola, Chevrolet, McDonald's, Rayovac etc. Também lançou um tênis chamado Air Jordan, sucesso de vendas na época; estrelou o filme *Space jam: o jogo do século* (1996); comprou ações do time de basquete Charlotte Hornets, assumindo o controle majoritário com 90% de participação; fundou a marca de tequila Cincoro; além de realizar investimentos variados, inclusive em startups.

Antes que você comece a argumentar "Ah! Mas a minha realidade é outra", veja que fiz questão de trazer aqui justamente histórias de pessoas de origem humilde. Oprah Winfrey veio de uma família pobre e Jordan, de classe média; ademais, os dois passaram por diversas provações durante suas caminhadas. O diferencial dessas duas figuras foi não desistir. Então, se inspire no que acabou de ler e tente fazer o mesmo. Lute pelo seu empreendimento e todos os seus sonhos.

REPROGRAME A SUA MENTE

O mindset é algo que pode ser mudado. Carol Dweck garante que é possível reprogramar a mente para alterar aquela crença limitante que nos impede de nos desenvolver e crescer. Isso porque nosso cérebro tem algo denominado neuroplasticidade, que nada mais é do que uma capacidade de adaptação do Sistema Nervoso Central (SNC). Em resposta a modificações do ambiente, seja quando adquirimos novos conhecimentos, temos que nos adaptar a diferentes situações ou até por lesões cerebrais, ele muda também suas propriedades fisiológicas.

Esse é um processo natural que ocorre ao longo de toda a vida e que nos ajuda a realizar alterações profundas em nosso cérebro, incluindo a percepção que temos sobre o mundo e sobre nós mesmos. Sendo assim, podemos adotar algumas medidas para criar uma mentalidade mais positiva, tais como:

- **Praticar a autorreflexão e o autoconhecimento:** para conseguir mudar o seu mindset, você tem que, antes de tudo, se entender. Não dá para promover esse tipo de mudança sem saber ao menos quais são os pensamentos, os comportamentos e as atitudes que você repete diariamente diante de cada situação. Como costuma reagir quando encontra alguma dificuldade? Você fica irritado? Sente frustração? Assimila aquilo como um fracasso pessoal e entra em um estado de desânimo e pessimismo? Isso chega a paralisá-lo? É identificando esses padrões, que o afastam de um caminho de êxito, que você se torna capaz de dar o pontapé inicial em todo esse processo de alteração de mentalidade.
- **Dar um passo de cada vez:** estamos falando aqui de concepções e condutas que, provavelmente, são reproduzidas por você já há muitos anos. Muitas vezes, elas são repetidas até mesmo de maneira automática. Você nem para mais para elaborá-las, simplesmente age, e justamente por isso elas não são fáceis de modificar. Tenha calma e compreenda que esse tipo de mudança não ocorre do dia para a noite. Mesmo que tenha consciência de tudo o que expliquei e queira ter um mindset diferente, aqueles velhos hábitos vão continuar o perseguindo. Eventualmente, um pensamento limitante vai surgir em sua mente quando as coisas não estiverem indo tão bem. Em momentos de estresse, talvez ainda se veja levantando o tom de voz

ou sendo impulsivo, por exemplo. Mas só notar o que está acontecendo e dizer para si mesmo "Eu deveria ter feito diferente" já é um grande avanço. Aos poucos, vai conseguir não só perceber seus pensamentos, comportamentos e atitudes negativos, como também começar a agir de outra forma. Um dia você vai falhar e em outro, acertar. É assim que acontece, não desista.

- **Encarar os erros como parte da jornada:** diante disso, o conselho que lhe dou é: encare cada uma dessas falhas como parte da jornada de criar uma mentalidade muito mais poderosa e benéfica para você. Reconheça os erros e reserve um tempo para analisá-los. Isso nos ajuda a entender onde exatamente está o problema e como corrigi-lo. Em outras palavras, transforme aquela falha que tanto o incomoda e põe para baixo em uma oportunidade de aprendizado. Você verá quanto isso é capaz de mudar sua vida.
- **Estar aberto a feedbacks:** estar aberto a ouvir o que os outros têm a nos dizer sobre nossas concepções e condutas também é bastante valioso e contribui imensamente para o nosso desenvolvimento. Quem está à nossa volta tem melhores condições de observar e captar o que estamos fazendo de certo e errado. Quando o feedback é dado de maneira empática e construtiva, podemos compreender com maior clareza quais são nossas qualidades e defeitos, e qual ponto necessitamos focar para melhorar, o que, no final das contas, pode nos proporcionar motivação para seguirmos firmes em nossa proposta de mudar. Porém, não se esqueça de escutar sempre quem quer ver você crescer. Se notar que alguém disse algo somente para o magoar, ignore.
- **Compreender que resultados não o definem:** lidar com os sentimentos que surgem quando não obtemos o que tanto esperávamos pode ser bem difícil. Assim como você, eu

também erro e fracasso. Ninguém acerta e vence o tempo inteiro. Todos passamos por problemas, alguns em maior e outros em menor grau, é verdade. No entanto, uma hora ou outra você, e qualquer pessoa do mundo, vai ter que encarar esse tipo de situação. Mas é muito importante que, nesses instantes, você se lembre de que seus resultados não o definem, até porque eles são pontuais e podem ser revertidos. Um balanço financeiro negativo, uma dívida contraída ou mesmo uma falência podem ser superados. Uma boa gestão é capaz de melhorar seu fluxo de caixa e torná-lo positivo; ações de contenção de gastos podem gerar recursos suficientes para quitar a dívida; e novos projetos muitas vezes têm o poder de levá-lo a lugares muito melhores do que seu antigo negócio. Concentre-se nas inúmeras possibilidades que o futuro lhe oferece e deixe todas as dores do passado onde elas devem permanecer: no passado.

- **Reconhecimento é consequência:** outro motivo de frustração que pode atrapalhá-lo na busca por uma mentalidade correta é a necessidade de ser reconhecido. Isso nada mais é do que uma procura pela aprovação de outros indivíduos. Como seres sociais, é fato que ser reconhecido pela comunidade que nos cerca é importante para qualquer um, pois nos gera uma sensação de aceitação e acolhimento que preenche a nossa autoestima e, como consequência, nos engaja. Não é à toa que o psicólogo norte-americano Abraham Maslow listou a estima como uma das cinco necessidades humanas que culminam na satisfação e autorrealização de um indivíduo ao elaborar a sua teoria da Hierarquia de Necessidades, que hoje é amplamente difundida por meio de sua representação gráfica, a Pirâmide de Maslow. Contudo, querer ser reconhecido o tempo inteiro e por todos pode gerar mais desapontamento do que satisfação. Quando você se empenha em dar o seu melhor e agir corretamente, o reconhecimento é uma consequência. Você não precisa se preocupar; uma hora ou outra ele vai chegar, esteja certo disso.

Dito tudo isso, vale lembrar que tão importante quanto inserir essas dicas em seu cotidiano é saber direcionar o olhar para o ponto certo. No caso dos empreendedores, esse ponto é o lucro.

DESEJE O LUCRO

Não se sinta culpado por desejar o lucro. Falo isso porque sei que a ideia de almejar ganhos gera desconforto em muitos indivíduos. Tal incômodo é normal, afinal fomos ensinados a senti-lo. O julgamento moral nos acompanha desde tempos remotos, ao longo de boa parte da história da humanidade.

O próprio significado da palavra "lucro" não é lá muito positivo. Vem do latim *lucrum* e quer dizer ganho ou vantagem. Dele deriva também o vocábulo "logro", que tem como sentido o ato de roubar, iludir ou enganar alguém para obter benefício.[15] Pesado, não é mesmo? E não para por aí. Durante a Idade Média, a igreja católica adotou esse pensamento e tornou o lucro pecado, mas não um simples pecado. A gana por posses terrenas passou a figurar entre os sete pecados capitais com o nome de avareza, sendo esta a segunda pior da lista de comportamentos que nos afastam do caminho do amor e de Deus.

---

15 DICIONÁRIO ETIMOLÓGICO. Lucro. **Dicionário Etimológico:** Etimologia e Origem das Palavras, 2008. Disponível em: www.dicionarioetimologico.com.br/lucro/. Acesso em: 20 mar. 2025.

Embora esses pecados tenham sido estabelecidos por Papa Gregório Magno, no século VI, e desenvolvidos com maior fôlego por São Tomás de Aquino, durante o século XIII,[16] e não constem na Bíblia, é possível encontrar versículos que condenam a acumulação de riquezas, como este aqui:

> Mas os que querem ser ricos caem em tentação, e em laço, e em muitas concupiscências loucas e nocivas, que submergem os homens na perdição e ruína. Porque o amor ao dinheiro é a raiz de toda a espécie de males; e nessa cobiça alguns se desviaram da fé, e se traspassaram a si mesmos com muitas dores. Mas tu, ó homem de Deus, foge destas coisas, e segue a justiça, a piedade, a fé, o amor, a paciência, a mansidão.
>
> 1 Timóteo 6:9-11

Ou este:

> Sejam vossos costumes sem avareza, contentando-vos com o que tendes; porque ele disse: Não te deixarei, nem te desampararei.
>
> Hebreus 13:5

16 MOTOMURA, M. Qual a origem dos sete pecados capitais? **Superinteressante**, São Paulo, 22 fev. 2024. Disponível em: https://super.abril.com.br/mundo-estranho/qual-a-origem-dos-sete-pecados-capitais/. Acesso em: 20 mar. 2025.

Essa concepção só começou a mudar a partir do movimento da Reforma Protestante, quando, insatisfeito com essa e outras questões impostas pela Igreja Católica, o monge alemão Martinho Lutero afixou na porta da Catedral de Wittenberg, na Alemanha, no ano de 1517, suas 95 teses que criticavam alguns pensamentos e atos dessa instituição e também o Papa.

De acordo com a ética protestante nascente, o lucro gerado pelo trabalho não poderia ser visto como pecado. As pessoas que se esforçavam e se tornavam bem-sucedidas financeiramente, na realidade, deveriam ser reconhecidas como cumpridoras da vocação que Deus deu a elas, como destaca o sociólogo alemão, Max Weber, em sua obra *A ética protestante e o espírito do capitalismo*: "Querer ser pobre seria [...] nocivo à glória de Deus. Quem pede esmola estando apto ao trabalho não só comete o pecado da preguiça, como também afronta o amor ao próximo".[17]

Nos anos seguintes à Reforma, vimos a Idade Média dar lugar à Idade Moderna, a burguesia surgir e o capitalismo se instaurar como sistema econômico predominante no mundo, trazendo consigo uma mudança de paradigma cada vez mais forte em relação ao lucro. Todavia, as péssimas condições de trabalho nas fábricas do século XIX e a eclosão de diversos movimentos operários fizeram com que Karl Marx e Friedrich Engels elaborassem uma doutrina política, filosófica e sociológica que, além de criticar o capitalismo, propunha um rompimento com esse sistema para a adoção de outro que pretendia criar uma sociedade mais igualitária.

---

17 WEBER, M. **A ética protestante e o espírito do capitalismo**. São Paulo: Editora Martin Claret, 2005.

Como Marx e Engels definiam o lucro como algo que é obtido através da mais-valia, isto é, da diferença entre o que o trabalhador produz e o que recebe como remuneração,[18] mais uma vez recaiu sobre o lucro uma óptica perniciosa, uma vez que os ganhos do empresário capitalista seriam, então, fruto de uma exploração do proletariado. A partir da teoria marxista, o lucro passou a representar necessariamente uma perda para o trabalhador.

Por esses motivos é que diversos indivíduos cultivam ainda hoje a concepção de que acumular dinheiro é algo nocivo e que deve ser evitado. Eles se sentem culpados e constrangidos quando obtêm ganhos significativos ao final do mês com seus negócios. Acontece que gerar riqueza não é um problema em si. Afinal, ter amor ao dinheiro e ser ganancioso a ponto de prejudicar alguém é muito diferente do ato de buscar o lucro, pois ao gerar riquezas com o seu negócio você está contribuindo para que não só você, mas todo o país prospere.

Quando uma empresa registra bons ganhos, ela tem condições de abrir mais vagas para contratação de funcionários, contribuindo para a redução do índice de desemprego. A arrecadação de impostos também aumenta, o que significa mais recursos financeiros que o governo possa reverter em políticas de bem-estar para a população, como investimentos em saúde, educação, transporte, segurança pública, obras de infraestrutura etc.

Sem falar nos programas de incentivo que visam converter parte do capital que seria pago pelo empresário ao poder público em ações sociais, culturais e ambientais que beneficiam diretamente a

---

18 SILVA, D. N. Mais-valia. **História do Mundo**, [*s.d.*]. Disponível em: www.historiadomundo.com.br/idade-contemporanea/mais-valia.htm. Acesso em: 20 mar. 2025.

sociedade brasileira. Caso você não queira optar por esse caminho, há também a possibilidade de seguir pela filantropia, como várias figuras bem-sucedidas fazem hoje em dia, dentre elas Oprah Winfrey. Por meio de sua fundação Oprah Winfrey Charitable Foundation, a apresentadora norte-americana apoia causas como educação, proteção de crianças e promoção da igualdade racial.

Posto isso, podemos concluir que uma companhia que lucra colabora, e muito, com sua nação e seus compatriotas. Um indivíduo empregado, que conta com a garantia de ter um salário caindo na conta ao final do mês, é alguém que consome e faz a economia girar. Um governo que tem dinheiro para cuidar do povo e um empresário que decide continuar a aplicar parte do capital obtido em ferramentas de transformação de vidas e/ou que resolve continuar a expandir seu negócio são capazes de modificar todo um país. Portanto, da próxima vez que você se sentir mal por lucrar, pare e pense sobre isso.

Não há motivos para constrangimento, muito pelo contrário, o seu sentimento deve ser de orgulho. Sob o ângulo descrito acima, constatar um resultado financeiro positivo e o crescimento de uma organização deve ser, na verdade, pretexto para uma grande comemoração. Sendo assim, abandone a mentalidade negativa que carregou durante toda a vida e reprograme o seu cérebro para funcionar sob a perspectiva do Mindset do Lucro. A seguir, vou contar minha experiência pessoal com essa mudança de mentalidade.

Das dívidas à venda da empresa

A escola em que estudei no ano de 1998 me deu a oportunidade de, pela primeira vez, estudar em uma escola particular. Eu era bolsista na Secretaria de Educação de Santa Catarina, ganhava exatos 92 reais e 1 centavo, ou qualquer coisa próxima a isso. Um funcionário da

Secretaria, Ruiz, alguém que amo muito, disse que eu não devia estar na escola pública, pois tinha ganhado medalhas de honra ao mérito dois anos seguidos e tinha que fazer faculdade. Para me preparar para o vestibular, consegui uma bolsa, pela qual trabalharia à noite na escola, estudaria pela manhã e trabalharia à tarde na Secretaria de Educação.

A mensalidade da escola seria 80 reais, e o aluguel de um quarto custava 50 reais. A conta não fechava, então eu pagava a mensalidade um mês sim, outro não, e eles me abraçaram. Fiquei ali até ser contratada, e atuei como gerente até passar no vestibular para administração na UFSC e em Educação Física na UDESC, ambas públicas. Ruiz estava certo. Contudo, a escola não tinha lucro. Todos os sócios eram professores do estado e ali foram realizar o sonho de ter uma escola, ajudando as pessoas, mas havia um impacto financeiro.

Os anos se passaram: me formei nas duas faculdades, fui ser consultora, viajei para Angola, voltei, abri minha empresa, até que um dia o filho de um sócio me chamou e perguntou se eu não poderia ajudá-lo na estruturação financeira. Eles vendiam, vendiam, mas todo mês não davam conta de pagar as contas. Os impostos seguiam atrasados, os sócios não retiravam nada... funcionavam apenas pelo amor à educação.

Fiz um diagnóstico ao chegar lá, e o que vi foram impostos atrasados e resultado mensal negativo. Implementei a mesma metologia descrita neste livro, embora ela ainda não tivesse nome. Era meu modo de operar em todas as empresas, pois eu sabia que, se o dono não focasse o lucro, não ia agir nem mudar. Além disso, se não tivesse um dado confiável, não teria clareza tampouco segurança para o que fazer.

Começamos na sequência o BPO Financeiro, lançando mês a mês dado a dado, categoria a categoria, separando o que era passivo do que era operacional. A primeira coisa que fizemos foi estruturar um processo de concessão de bolsas e descontos. O diretor tem coração grande, então oferecia descontos de maneira desenfreada ao ouvir histórias tristes dos pais.

Contudo, em uma escola preparatória para o vestibular, o que vende é o número de aprovações na universidade. Se fosse escolher uma escola de ensino médio com pré-vestibular e seu objetivo fosse a aprovação do seu filho em uma universidade concorrida, você procuraria uma instituição que aprovasse muitos alunos nessa universidade, pois isso demonstraria que ela tem alguma metodologia específica para obter esse resultado, certo? A escola que recebe aluno somente no ensino médio tem três anos para ensinar as técnicas e estratégias. A fim de obter êxito, ela precisa de alunos dispostos a segui-las.

E então tivemos que operar a seguinte mudança: o processo de bolsas aconteceria via concurso, com a aplicação de uma prova. Passamos até a dar bolsas maiores, porém para os melhores alunos. O concurso, que acontecia em agosto, ajudava a atrair pais para conhecerem o coração da escola, seu cuidado com o aluno, e a trocar a visão de "escola barata" para a de "escola que aprova". As rematrículas também passaram a ser iniciadas em agosto, a fim de que não esperassem até dezembro.

O preço da mensalidade já não era o mais barato da cidade, mas seguia as margens de lucro que se esperava para um negócio de educação de ensino médio. Apenas olhar o valor do concorrente e abaixar seu preço não faz sentido, pois a estrutura de custos da sua empresa pode ser totalmente diferente daquela do seu concorrente.

A partir dessas mudanças, tivemos novas matrículas. No começo, a escola passou a ter menos alunos, mas eles eram os melhores e pagavam mais. Mesmo os que não ganhavam bolsas puderem experimentar um pouco do clima da escola e resolveram se matricular. Isso fez com que o lucro aumentasse.

Entre negociações com fornecedores e impostos, os dados estavam cada vez mais claros. Algo muito raro aconteceu graças a essa clareza: mudamos a localização da sede da escola. Ela estava naquele local havia mais de quinze anos, com boas instalações e localização favorável, mas a mudança trouxe o pilar Segurança para o diretor. O novo espaço era maior, mais acolhedor e custava menos; com isso, o custo da mudança fez sentido.

Era outro ar, uma nova mentalidade: a escola barata passou a ser desejada. A visibilidade gerou curiosidade em um grupo especialista em aprovar alunos em Medicina, que veio, sondou, negociou e fechou a venda de parte da escola.

Pude fazer parte desse momento, negociar *valuation*, validar acordos e garantir que aquele diretor que dedicou mais de trinta anos à educação e transformou vidas como a minha pudesse colocar dinheiro no seu bolso e saber, de verdade, que cada dia de aperto valeu a pena. Foi um ciclo que começou e se fechou com louvor.

AO GERAR RIQUEZAS COM O SEU NEGÓCIO VOCÊ ESTÁ CONTRIBUINDO PARA QUE NÃO SÓ VOCÊ, MAS TODO O PAÍS PROSPERE.

ENGENHARIA DO LUCRO

@DRAKELENABREU

05.

PASSO 2: CONFIABILIDADE DE DADOS

Uma vez que você já sabe como trabalhar a sua mentalidade, vamos finalmente partir para a parte prática da gestão financeira. Se você deseja que o capital da sua empresa seja usado de maneira eficiente e que ela conquiste a saúde econômica necessária para escalar e alcançar suas metas, a primeira coisa que você precisa levar em consideração é a confiabilidade dos dados que tem em mãos. Afinal, é impossível planejar, organizar e controlar finanças sem números, e eles devem, obrigatoriamente, estar corretos para isso. Veja o exemplo de uma empresa que passou de 22,1% para 35,8% de lucro em um ano com a implementação do M2CS e segue melhorando. Esse cliente é um exemplo de que aquilo que já está bom pode melhorar se o foco for o lucro. Sabemos que, no mundo das redes sociais, nem tudo é o que parece. Inclusive, muitas vezes precisa parecer antes de ser – não gosto muito desse pensamento, mas é a realidade.

Esse cliente já tinha algum resultado, mas via que o dinheiro não ia para sua conta, não aumentava o seu patrimônio. Ao trabalhar duro, ia quase dobrando o faturamento ano após ano, mas no final nem recebia um pró-labore pelo serviço realizado dia e noite.

Foi quando contratou os Serviços da Lucros Reais de BPO e Controladoria. Quando iniciamos, eles usavam um sistema que não conciliava contas, continha dados soltos, não tinha visão de resultado, somente de caixa, e ainda estava mal alimentado.

As vendas também não vinham, ou seja, nem era necessário pagar aquele sistema, pois o bom e velho Excel já conseguiria cumprir o papel. Um sistema bom que não é alimentado diariamente já não funciona; agora imagine um sistema ruim sem alimentação de dados: é a tragédia anunciada. Apesar disso, por todo o esforço empreendido, a empresa já faturava cerca de 1 milhão de reais por mês, ainda que não houvesse crescimento de patrimônio do sócio e a rotina fosse corrida. A estrutura e o time costumavam ser aumentados, mas isso deixava o dono mais cansado para coordenar tudo. Um mês depois do início da consultoria, implantamos o Iuli e o integramos com as plataformas de vendas. A partir disso os dados passaram a vir direto para a DRE e a DFC, e o fluxo de caixa estava projetado, ou seja, ganhamos tempo.

O processo de compras foi desenhado e melhorado, cobrando alguns requisitos para pagamento e aprovação. Uma coisa é certa: quanto mais a empresa fatura, mais ela joga dinheiro fora com coisas desnecessárias. A mentalidade dos funcionários passa a ser: "Estamos faturando bem, o que é uma ferramenta de 12 mil por mês? Agora a festa de final de ano pode ser mais chique. Podemos ir para uma sede maior. Na sede nova, temos que comprar também uma TV maior", e assim o dinheiro vaza como água em um balde furado. A velocidade da saída é maior do que a da entrada, pois a torneira de entrada está com pouco fluxo, hora liga, hora desliga.

Com o Mindset do Lucro implantado nos sócios, começamos a levá-lo para o time, e no ano 1 apresentamos também a gestão por orçamento. Os sócios tinham receio de mostrar o percentual do lucro para os funcionários. Respondi: "Sabe por que vocês devem mostrar? Porque, se você não mostra o lucro de 20%, 30%, os funcionários vão achar que o valor total do faturamento da empresa está indo para o seu bolso. Eles esquecem que há despesas com vendas, marketing, estrutura, impostos, então sempre vão pensar que a empresa comete injustiça".

Mal sabem eles que, se o custo com a estrutura de uma empresa de serviços passar de 30% a 40%, a empresa não cresce e, pior, não sobra nada para os sócios. O raciocínio do funcionário é o seguinte: "Se o dono ganha 10 mil reais neste contrato e me paga somente 4 mil, ele é um explorador". É possível que pessoas com essa mentalidade sintam-se injustiçadas e resolvam abrir o próprio negócio na expectativa de que os 10 mil reais sejam todos seus. Ao descobrir a realidade, elas viram estatística do Sebrae.

Voltando a este *case*, ao ver que sobravam 22% para o dono do negócio, sentiram pena e mudaram de pensamento. Assim, com um orçamento bem-estruturado e um time alinhado com o lucro, a empresa passou de um resultado de 22,1% de lucro para bater 35,8% no ano seguinte, com compra de casa nova para um sócio no local de cobiça de todos os famosos. É isto que me faz sair da cama todos os dias: gerar riqueza para o mundo. Empresário feliz é empresário com lucro no bolso.

Para que a perda de lucro não aconteça em sua empresa, é importante contar com processos e uma rotina financeira muito bem estruturados, o que envolve:

- **Estabelecer procedimentos-padrão e políticas claras**

Comece definindo claramente as etapas e os procedimentos que precisam ser seguidos para a realização do controle financeiro de sua companhia. Pense como devem ser os processos de contas a pagar, contas a receber, controle de caixa, fluxo de caixa e outros. Em seguida, estabeleça um passo a passo e documente muito bem essas ações. Por fim, torne-as acessíveis a toda a sua equipe.

Também é essencial determinar políticas claras sobre pagamentos, empréstimos, fluxo de caixa, controle de custos e outras áreas críticas. Defina quem tem autoridade para aprovar pagamentos, quem pode modificar orçamentos e quais são os critérios para a concessão de crédito, por exemplo. Isso ajuda a manter a consistência e reduz os riscos de erros ou fraudes.

- **Implementar fluxos de aprovação para transações financeiras**

Transações financeiras precisam ser tratadas com cuidado, especialmente quando suas cifras são altas. Nesse caso, você pode exigir que elas passem pelo diretor financeiro da organização ou por um supervisor autorizado pelo empreendedor, quando não for ele mesmo, antes de serem executadas. Ter fluxos de aprovação claros para pagamentos, transferências e concessões de crédito permite que essas transações sejam revisadas e validadas por mais de um indivíduo, diminuindo as chances de erros e fraudes.

- **Fazer ciclos de conciliação e auditoria regulares**

Crie o hábito de efetuar conciliações bancárias de modo regular, isto é, compare e confira os lançamentos internos da empresa com os extratos bancários. A ideia aqui é garantir que todas as transações estejam registradas corretamente e que não existam divergências entre os saldos, o que auxilia na identificação de possíveis erros ou fraudes.

Mais uma maneira de encontrar inconsistências e corrigir falhas antes que elas se tornem reveses maiores é fazer uma auditoria interna periódica para examinar contas, processos e controles financeiros. Ela pode ser conduzida por um time interno da companhia ou por auditores independentes contratados para atuar internamente.

- **Monitorar o fluxo de caixa com regularidade**

Monitore o fluxo de caixa da sua organização diariamente ou semanalmente para garantir que as entradas e saídas estejam de acordo com o esperado. Assim você será capaz de identificar distorções ou desvios depressa.

Outra dica é realizar previsões de fluxo de caixa para o futuro, com base nos dados mais recentes. Tal atitude pode fazer com que você consiga antecipar problemas de liquidez e tomar medidas corretivas a tempo.

- **Uso de KPIs**

Os KPIs (*Key Performance Indicators*; em tradução livre, Indicadores-Chave de Desempenho) são métricas utilizadas para descobrir como andam os processos internos de uma companhia. Dentre os indicadores mais comuns estão o lucro líquido, a margem de lucro, o capital de giro, o prazo médio de recebimento (PMR), o prazo médio de pagamento (PMP), o índice de liquidez corrente etc.

Esses e outros KPIs permitem identificar áreas problemáticas e ajustar os processos da organização de maneira contínua para melhorar a confiabilidade e a eficiência dos dados. Por isso, tenha atenção ao definir os indicadores que serão adotados por você e monitore-os regularmente. Mais adiante lhe mostrarei como fazer isso.

- **Estabelecer um controle rigoroso de documentação**

Um financeiro desorganizado é caminho certo para a falência. Não dá para fazer qualquer tipo de controle se você não tem as informações de que precisa disponíveis do jeito certo e na hora certa. Por isso, guarde documentos fiscais, comprovantes de pagamento, contratos e notas de maneira ordenada, seja na versão física ou digital.

Você também pode restringir o acesso a documentos financeiros e dados sensíveis, assegurando que só os indivíduos autorizados possam modificar ou visualizar informações críticas.

- **Revisão e atualização periódica dos processos**

O ambiente financeiro e as necessidades de uma empresa podem mudar com o tempo, e seus processos precisam se adaptar a essas novidades. Por exemplo, recentemente o governo federal enviou para o Congresso um Projeto de Lei Complementar (PLP) que visa instituir uma reforma tributária no Brasil. Apesar de ainda estar em tramitação, se aprovado sem alterações, esse PLP pode resultar na extinção do PIS e Cofins, IOF/Seguros e isenção de IPI – exceto para os produtos industrializados na Zona Franca de Manaus.[19] Se isso se confirmar, os procedimentos da sua companhia para acompanhamento e pagamento de impostos terá que mudar.

- **Treinamento ou terceirização da gestão financeira**

Para realizar um serviço de qualidade, as pessoas envolvidas com a parte financeira da sua organização devem entender como a precisão dos dados impacta as decisões e a saúde geral da empresa. Por esse motivo, é fundamental que todos sejam bem treinados e estejam atualizados com as melhores práticas e normas contábeis e fiscais. Ofereça cursos e treinamentos regulares sobre contabilidade, fluxo de caixa, gestão de impostos e outros tópicos relevantes.

Uma alternativa viável para quem comanda microempresas ou pequenos negócios e não tem um departamento financeiro estruturado é investir na contratação de um BPO Financeiro. Esse profissional ficará responsável por fazer diagnóstico financeiro, orçamento mensal, gestão de fluxo de caixa, agendamento no banco, conciliação bancária e relatórios de prestação de contas, tudo isso de maneira ágil e com preços acessíveis.

---

19 FUENTES, P. Reforma tributária: saiba tudo o que muda com novo sistema. **CNN Brasil**, São Paulo, 18 jan. 2025. Disponível em: www.cnnbrasil.com.br/economia/macroeconomia/reforma-tributaria-saiba-tudo-o-que-muda-com-novo-sistema/#goog_rewarded. Acesso em: 24 mar. 2025.

TECNOLOGIA: UMA GRANDE ALIADA

Um dos maiores aliados na precisão e confiabilidade dos dados de uma companhia atualmente tem sido a tecnologia. Por meio da implantação de diferentes tipos de softwares de gestão no dia a dia das organizações, é possível reduzir falhas humanas, otimizar processos, diminuir custos e ainda prevenir fraudes, já que esses programas têm um sistema de funcionamento que permite automatizar tarefas que antes eram executadas manualmente e exigiam muito mais tempo e dinheiro para serem concluídas, sem falar da alta possibilidade de erros, devido à monotonia do serviço.

Se você já teve que preencher uma planilha à mão, sabe bem do que estou falando. Dependendo da quantidade de itens a serem registrados no documento, talvez você precise contar com a ajuda de várias pessoas e demorar horas ou até dias para finalizar o que deveria ser um trabalho simples. A quantidade de linhas e números na tela, além da repetição excessiva de comandos, também podem induzir um tédio/cansaço mental capaz de diminuir a sua concentração, levando-o a digitar um número incorreto ou confundir o lugar onde ele deveria ser inserido.

Esses softwares costumam centralizar todas as informações registradas em um só local, o que permite a atualização em tempo real e a eliminação de dados duplicados, evitando, assim, falhas e desperdício de tempo por retrabalho. Ademais, os recursos de criptografia de ponta a ponta, logs de auditoria e rastreamentos garantem que as informações contidas ali sejam acessadas e tratadas somente pelos profissionais responsáveis pelo serviço financeiro da organização, impedindo que modificações sem registro e não autorizadas sejam feitas e que dados sejam hackeados.

Diante de tantos benefícios, fica fácil perceber por que a nova economia valoriza tanto os empreendimentos que investem em inovação e tecnologia. Levando em consideração que estamos inseridos em um mundo cada dia mais conectado, onde mudanças rápidas, contrastes acentuados, alta competitividade e necessidade de se prezar pela experiência do cliente se tornaram a regra, dá para entender o motivo pelo qual o papel e a caneta foram substituídos por sistemas digitais. Se você quer ver seu negócio escalar e prosperar, não dá mais para continuar a usar a boa e velha planilha de preenchimento manual.

Lembra quando eu disse, lá no início deste livro, que observar o contexto no qual estamos inseridos e compreendê-lo é tão importante quanto saber como gerir o seu negócio? Pois bem, é por causa disso. Hoje, inserir recursos tecnológicos que permitem que sua empresa tenha mais agilidade, economia e segurança não é mais uma opção, é obrigação. Qualquer empreendimento que queira se manter vivo nos próximos anos tem que procurar inovar ou, pelo menos, se adaptar às novidades que surgem no mercado e se tornam essenciais para uma melhor gestão, produção e atendimento ao consumidor.

A seguir, vamos analisar três ótimas opções que podem auxiliar você no processo de promover uma transformação digital no setor financeiro de sua companhia.

CRM

A primeira delas é o CRM (*Customer Relationship Management*; em português, Gestão de Relacionamento com o Cliente). Como o próprio nome já diz, esse programa tem como intuito melhorar o relacionamento da organização com o consumidor, convertendo-o em vendas. A partir do armazenamento de informações dos atuais e potenciais clientes de uma organização, o CRM gere e analisa as interações dessas pessoas com a empresa.

Você deve estar pensando: *Mas isso é bom para as áreas de vendas, marketing e atendimento, e não para a financeira.* Você tem razão sobre a primeira parte do raciocínio. Realmente, esse tipo de software costuma ser visto como uma ferramenta essencial desses departamentos. Entretanto, ele também pode ser aproveitado por quem necessita fazer a gestão financeira de um negócio, em especial porque ajuda a centralizar informações sobre vendas, clientes e fluxo de receitas. Embora a sua principal função seja gerenciar o relacionamento com o consumidor, muitos CRMs oferecem recursos ou integrações que contribuem para o controle financeiro das empresas.

Algumas das vantagens da utilização desse tipo de programa para o setor financeiro são:

- **Previsão de receita:** com base nas informações sobre funil de vendas e histórico de negociações, é possível realizar uma estimativa de entradas futuras de dinheiro na organização.
- **Controle de faturamento:** alguns CRMs disponíveis no mercado permitem efetuar tarefas financeiras, como emitir faturas e acompanhar pagamentos. Há opções, inclusive, que promovem a integração do software com sistemas de cobrança.
- **Gestão de orçamentos e propostas:** esse tipo de programa também facilita a criação e o envio de propostas comerciais, o que garante um fluxo financeiro mais organizado.
- **Redução da inadimplência:** ajuda a monitorar clientes e permite a criação de lembretes automáticos para pagamentos, o que evita atrasos.
- **Análise de rentabilidade:** os relatórios de desempenho gerados pelo software permitem identificar quais consumidores e produtos geram mais lucro para a empresa.

- **Integração com ERP:** também existem os CRMs que podem ser conectados a programas de gestão financeira e contábil.

Interessante, não? Caso tenha gostado da ideia de começar a usar um CRM em seu negócio, elaborei uma lista com as opções mais populares no Brasil. Vale lembrar que boa parte delas conta com período de teste gratuito, uma excelente oportunidade para experimentar a ferramenta que mais chamou a sua atenção e entender se e como ela pode ser aproveitada em sua empresa. Confira:

Principais softwares de CRM		
Nome	**Descrição/Principais recursos**	**Site**
HubSpot CRM	Gestão de contatos, *pipeline* de vendas, automação de tarefas, integração com e-mail (Gmail/Outlook), *dashboards* e relatórios.	hubspot.com
RD Station CRM	Funil de vendas personalizável, gestão de *leads*, integração com *RD Station Marketing*, histórico de interações.	rdstation.com
Agendor	CRM brasileiro focado em vendas consultivas, histórico de interações, *pipeline* visual, aplicativo para celular.	agendor.com.br
Bitrix24	CRM completo, com automação de vendas e marketing, gestão de equipe e projetos, até doze usuários grátis.	bitrix24.com.br
Salesforce	Plataforma robusta para grandes e pequenas empresas, gerenciamento de *leads*, oportunidades, vendas e atendimento ao cliente.	salesforce.com

Principais softwares de CRM		
Nome	**Descrição/Principais recursos**	**Site**
Pipedrive	CRM intuitivo focado no *pipeline* de vendas, com automação de processos e integração com várias ferramentas.	pipedrive.com
Zoho CRM	Solução acessível com automação de vendas, marketing e atendimento ao cliente, integrações diversas.	zoho.com/crm
Kommo	Gestão de *leads* e vendas, foco em automação de marketing e comunicação, integração com *chatbots*.	kommo.com
ActiveCampaign	Plataforma que oferece automação inteligente e um CRM prático para aproximar a empresa e sua comunicação do cliente.	activecampaign.com/br

Softwares de gestão financeira

Os softwares de gestão financeira propriamente ditos, como você pode imaginar, têm como intuito otimizar o controle, reduzir erros e melhorar as tomadas de decisões específicas desse departamento. E o melhor é que eles podem ser usados por empresas de todos os portes. Por reunir funcionalidades parecidas com as dos programas mencionados anteriormente, eles acabam contribuindo significativamente para:

- Controle preciso do fluxo de caixa;
- Emissão automática de boletos e notas fiscais;
- Redução de erros manuais;
- Facilidade de acompanhamento de recebimentos e pagamentos;
- Melhora na análise financeira;

- Planejamento e previsão financeira;
- Economia de tempo;
- Acesso a relatórios e informações em tempo real;
- *Compliance* e conformidade fiscal;
- Melhor tomada de decisões;
- Integração com outras ferramentas;
- Segurança dos dados;
- Facilidade de crescimento.

Os programas de gestão financeira que indico para quem quer modernizar esse setor são:

Principais softwares de gestão financeira

Nome	Descrição	Principais funções	Site
Iuli	Sistema de gestão financeira para PMEs e infoprodutores.	Controle financeiro, vendas, emissão de notas fiscais, relatórios gerenciais e integração com plataformas de vendas usadas por quem vende on-line.	iuli.com.br
Tiny ERP	ERP para micro e pequenas empresas, com funcionalidades completas de gestão.	Controle financeiro, gestão de estoque, emissão de notas fiscais, integração com *e-commerce*.	tiny.com.br
Conta Azul	Plataforma focada em pequenas empresas para gestão financeira e automação de processos.	Controle de vendas, fluxo de caixa, emissão de notas fiscais, integração bancária.	contaazul.com

Principais softwares de gestão financeira			
Nome	**Descrição**	**Principais funções**	**Site**
Omie	Software de gestão completo para pequenas e médias empresas.	Gestão financeira, CRM, emissão de boletos e notas fiscais, integração bancária.	omie.com.br
QuickBooks	Solução internacional de contabilidade e finanças para PMEs e autônomos.	Controle de despesas, relatórios financeiros, integração bancária, gestão contábil.	quickbooks.intuit.com
Nibo	Plataforma brasileira voltada para controle financeiro e contabilidade.	Fluxo de caixa, emissão de boletos, conciliação bancária, relatórios gerenciais.	nibo.com.br
Granatum Financeiro	Software para pequenas empresas focado na gestão financeira.	Planejamento financeiro, controle de fluxo de caixa, análise de resultados.	granatum.com.br

O ideal é que as duas ferramentas sejam usadas de maneira conjunta para uma abordagem mais estratégica, que vise melhorar a eficiência operacional, facilitar a tomada de decisões e otimizar a gestão do negócio como um todo. Afinal, a integração desses sistemas permite que as informações fluam de maneira contínua entre os departamentos, eliminando redundâncias, melhorando a comunicação interna e proporcionando uma visão de 360° do desempenho da empresa.

No entanto, se você não tiver dinheiro para arcar com os programas, tudo bem. Invista primeiro em um bom software de gestão financeira e veja a mágica acontecer diante dos seus olhos. Na sequência, invista em um CRM para aumentar suas vendas com automações, o que faz todo o fluxo almejado acontecer (entrada de dinheiro, novos clientes).

ERP

Por último, não poderia deixar de mencionar nesta obra outro tipo de programa conhecido no mercado e que em determinadas situações (dependendo do tamanho da empresa, seus objetivos e demandas) pode ser recomendado, o ERP (*Enterprise Resource Planning* ou, em tradução livre, Planejamento de Recursos Empresariais), que nada mais é do que um sistema integrado de gestão empresarial. Ao reunir diferentes áreas e funções de uma companhia em um único software, o ERP permite automatizar processos, e centralizar e desenvolver um fluxo contínuo de informações.

Preciso destacar, porém, que, de acordo com a minha experiência e contato direto com empreendedores de diversos segmentos, hoje em dia o mais indicado é você escolher sistemas específicos, pois as APIs (*Application Programming Interfaces*; em português, Interface de Programação de Aplicações) já existem para unir os melhores naquilo que fazem de melhor. Desta forma, você tem a liberdade de escolher o CRM de sua preferência, bem como o programa de gestão financeira, por exemplo.

Os benefícios do emprego do ERP em uma empresa, como aliado da área financeira, são:

- **Integração de dados financeiros:** com um ERP é possível ter dados sobre contas a pagar e a receber, fluxo de caixa, custos de produção e vendas reunidos em um só lugar. A eliminação de silos de dados entre departamentos proporciona mais facilidade de acompanhamento e análise em tempo real, melhoria da qualidade da informação, além da diminuição do risco de erros.

- **Controle e visibilidade do fluxo de caixa:** por conter dados de fluxo de caixa, esse tipo de programa oferece uma visão clara e atualizada das entradas e saídas de capital. Também ajuda a prever o fluxo de caixa futuro com base em dados históricos. Tudo isso contribui para o planejamento financeiro e as decisões sobre quando pagar fornecedores, investir ou buscar crédito.
- **Automação de processos financeiros:** tarefas como pagamento de fornecedores, emissão de faturas, controle de cobranças, conciliação bancária e até relatórios financeiros podem ser automatizadas dentro de um ERP, o que já sabemos que economiza tempo, dinheiro e minimiza falhas humanas.
- **Relatórios financeiros em tempo real:** documentos que são considerados essenciais para a elaboração de estratégias e deliberações dentro de uma companhia, tais como DRE Gerencial, fluxo de caixa e análise de rentabilidade, são produzidos em questão de segundos.
- **Redução de erros e conformidade fiscal:** a possibilidade de centralização e a automação oferecidos por esses softwares reduzem os erros manuais e os registros duplicados ou incorretos. A possibilidade de programá-los para cumprir com as obrigações fiscais corretamente é outra vantagem relevante.
- **Planejamento e orçamentação financeira:** mais duas funcionalidades do ERP são a criação de orçamentos detalhados para as diferentes áreas da empresa e simulações de cenários financeiros. A primeira permite controlar os custos e identificar as áreas que podem ser otimizadas. Já a segunda ajuda a prever como a

organização responderá a diferentes condições econômicas ou mudanças no mercado.

- **Gestão de custos e rentabilidade:** ao gerar uma análise detalhada de custos de produção, margem de lucro e rentabilidade da empresa, o ERP se transforma em uma ferramenta bastante eficaz para identificar os produtos ou serviços que são mais lucrativos, quais estão gerando desperdício ou custos excessivos e onde podem ser feitas melhorias para aumentar a rentabilidade do negócio.
- **Facilidade de acesso e colaboração:** além da centralização de informações, esses programas também disponibilizam a opção de acesso remoto. Tais recursos permitem que gestores, contadores e outros departamentos envolvidos na gestão financeira tenham acesso aos mesmos dados, o que melhora a colaboração entre equipes.
- **Análise de indicadores financeiros:** dentro dos ERPs é possível obter alguns indicadores financeiros essenciais, dentre eles: ROI (retorno sobre investimento), ROE (retorno sobre o patrimônio líquido), margem de lucro etc. Todos esses indicadores contribuem para que os gestores tenham uma visão mais clara da saúde financeira do empreendimento e possam tomar decisões embasadas sobre onde mirar seus esforços.
- **Planejamento e gestão de dívidas:** o ERP também permite que as dívidas com fornecedores, bancos e outras partes sejam monitoradas, sem falar da possibilidade de gerenciar os pagamentos de financiamentos e/ou empréstimos. O resultado disso é o controle do endividamento da organização, uma vez que contribui para evitar a inadimplência e permite planejar a quitação das dívidas com antecedência, sem comprometer o fluxo de caixa.

- **Escalabilidade e crescimento:** por ser flexível, esse tipo de software consegue aumentar sua capacidade de gerenciamento de dados financeiros sem perder a eficiência, mesmo que o seu empreendimento escale em grandes níveis e a complexidade de suas operações aumente com novos produtos/serviços e centros de custo, por exemplo.

Dentre as alternativas de programas de ERP disponíveis no mercado brasileiro estão:

Principais softwares de ERP		
Nome	**Descrição/Principais funções**	**Site**
TOTVS	ERP muito utilizado por empresas brasileiras de diferentes portes e segmentos. Oferece módulos para gestão financeira, recursos humanos, vendas, estoque, produção e compras, com forte adaptação ao mercado local.	totvs.com
SAP Business One	ERP focado em pequenas e médias empresas. Oferece módulos para gestão financeira, vendas, estoque, compras e relatórios analíticos, com integração com outras plataformas e fácil escalabilidade.	sap.com
Microsoft Dynamics 365	ERP da Microsoft que integra gestão financeira, vendas, marketing, serviços ao cliente, produção e recursos humanos, com forte integração com o Office 365 e soluções de nuvem.	microsoft.com/pt-br/dynamics-365

Principais softwares de ERP		
Nome	**Descrição/Principais funções**	**Site**
Benner	ERP brasileiro utilizado em diferentes segmentos, com destaque para gestão de saúde, educação e varejo. Oferece módulos de finanças, estoque, comercial, RH e logística.	benner.com.br
Mega ERP	Sistema ERP com foco em gestão empresarial, com módulos para financeiro, compras, estoque, vendas e gestão de produção. Ideal para empresas de médio porte.	mega.com.br
Alterdata	ERP focado em pequenas e médias empresas, com módulos para gestão financeira, vendas, estoque, RH e fiscal. Disponível na versão *cloud* e *on-premise*.	alterdata.com.br
Senior Sistemas	ERP robusto, com soluções para gestão de RH, financeiro, estoque, vendas e gestão de produção. Tem foco em empresas de médio e grande porte, com módulos específicos para diferentes setores.	senior.com.br
Kashoo	ERP simples e eficaz para pequenas empresas, com módulos para gestão financeira, contabilidade, emissão de relatórios financeiros e gestão de receitas e despesas.	kashoo.com

E lembrando: você não precisa gastar horrores com sistemas ERP. Agora já sabe que com um ótimo CRM, que o ajude a otimizar suas vendas, e um sistema de gestão financeira que lhe dê clareza e mostre para onde seu dinheiro está indo, cria-se o cenário ideal. Seja você pequeno, médio ou grande, hoje não há desculpas para não trabalhar com profissionalismo no seu negócio.

UM AVISO IMPORTANTE

Antes de encerrar esta conversa sobre confiabilidade de dados, é importante ressaltar que mais do que nunca o armazenamento e tratamento de informações por parte das organizações deve ser feito de modo muito responsável. Atualmente, não há nada mais valioso do que dados. Devido ao desenvolvimento tecnológico das últimas décadas, o processamento de informações foi simplificado e, por isso, elas puderam começar a ser trabalhadas por todos os tipos de empresas e setores da economia, tornando-se a base para todas as deliberações estratégicas.

É por esse motivo que muitos indivíduos têm chamado os dados de "o novo petróleo"; pois, assim como esse combustível fóssil, além de contarem com alto valor de mercado, os dados também precisam ser refinados, analisados e processados para gerar valor real.

Levando em conta que estamos lidando com informações sensíveis, tanto do seu negócio quanto dos clientes, as organizações não podem poupar esforços para garantir que os dados que têm armazenados estejam seguros de vazamentos, ataques hackers e outros problemas. Para isso, vale optar sempre por programas que ofereçam recursos de segurança, como: criptografia de ponta a ponta; controle de acessos e permissões; autenticação de dois fatores; backup automático e recuperação de dados; certificados – por exemplo, o ISO 27001 –; armazenamento em nuvem; blockchain; atualizações frequentes e suporte técnico; além de avaliações positivas pelos consumidores.

É igualmente necessário que essas informações estejam em conformidade com as leis locais para que a sua empresa não enfrente qualquer tipo de problema no futuro. No Brasil, a legislação que controla a privacidade e regulamenta o uso e tratamento de dados é a LGPD (Lei Geral de Proteção de Dados Pessoais), ou Lei nº 13.709/2018.[20] Se você ainda não está inteirado sobre os artigos que compõem a LGPD, separe um tempo para lê-los com calma. Você pode acessar o texto completo dessa lei apontando o smartphone para o QR Code a seguir:

www.planalto.gov.br/ccivil_03/_ato2015-2018/2018/lei/l13709.htm

20 BRASIL. **Lei nº 13.709, de 14 de agosto de 2018.** Dispõe sobre a proteção de dados pessoais. Brasília, DF: Diário Oficial da União, 2018. Disponível em: www.planalto.gov.br/ccivil_03/_ato2015-2018/2018/lei/l13709.htm. Acesso em: 24 mar. 2025.

AQUILO QUE
JÁ ESTÁ
BOM PODE
MELHORAR SE
O FOCO FOR
O LUCRO.

ENGENHARIA DO LUCRO
@DRAKELENABREU

06.

PASSO 3: CLAREZA

Chamo este terceiro passo de Clareza porque meu objetivo com ele é fazer com que o financeiro de sua companhia se torne tão cristalino quanto a água para você. Quero que, ao final deste capítulo, você seja capaz de olhar para os números que constam, por exemplo, na DRE Gerencial, na DFC (lembrando que aqui vão aparecer as despesas operacionais que estão sugando seu dinheiro e que despesa é igual a unha, precisa ser cortada sempre), na margem de contribuição, no ponto de equilíbrio, e saiba, sem titubear, como o seu negócio está e para onde ele deve ir.

Afinal, só com uma visão clara e detalhada das finanças da empresa é que você terá condições de atingir o lucro real. E já sabe agora que, para isso acontecer, nem sempre é necessário fazer cálculos enormes e difíceis. Organizei tudo para que você possa analisar os dados da sua empresa de um jeito muito mais simples, como aquelas contas que fazemos em guardanapos de papel em mesas de bar.

Receita bruta	*100*
(–) Imposto	*10*
(–) Devoluções	*5*
(=) Receita líquida	*85*
(–) Custos	*35*
(=) Margem de contribuição	*50*
Despesas operacionais	*10*
(=) Lucro operacional	*40*

A gestão da sua empresa não precisa ser complicada. O mais importante, para fazer dar certo, é ter clareza e controle sobre os números do negócio.

Está pronto? Então, vamos começar!

KPIS

Se queremos alcançar determinado nível de lucratividade, precisamos primeiro nos concentrar em reunir e analisar alguns indicadores de desempenho, ou, como são mais conhecidos, KPIs, que cheguei a mencionar rapidamente no capítulo anterior. As métricas que compõem esses indicadores auxiliam os empresários a mensurar o desempenho de seus negócios em diferentes áreas, dentre elas o operacional, o marketing e as vendas, a satisfação do cliente e, claro, o financeiro.

A partir das informações que nos são reveladas por eles, conseguimos identificar onde estamos acertando, em que ponto estamos falhando e quais oportunidades podemos aproveitar para melhorar nossos resultados e sair do negativo ou crescer ainda mais. O monitoramento constante desses dados nos permite realizar ajustes em nossas estratégias de negócio sempre que qualquer sinal dúbio surgir, evitando que o empreendimento sofra grandes impactos.

Um único KPI pode trazer insights capazes de salvar a sua organização. Quer ver? Suponha que você seja dono de uma indústria e perceba que, mesmo tendo lucro, sempre falte caixa para pagar seus fornecedores. Diante disso, você resolve conferir o indicador de fluxo de caixa da sua empresa e descobre que um número significativo de clientes está pagando com atraso, o que passou a afetar o seu capital de giro. Com base nessa informação, você pode criar soluções que contribuam para a redução dos atrasos e o aumento da liquidez, como implementar incentivos para pagamento antecipado. Um bom exemplo seria oferecer descontos, porém jamais matando sua margem de lucro.

Os KPIs também podem ser ótimos aliados para quem deseja encontrar uma forma de alavancar seu negócio. Imagine que você agora esteja à frente de um e-commerce de moda. Através da análise dos indicadores de ticket médio (valor médio gasto por cliente, por compra) e LTV (*Lifetime Value*), você encontra o seguinte cenário: o seu ticket médio está estagnado, enquanto o LTV de clientes fiéis registra valores altos, o que pode significar que os indivíduos que compram recorrentemente de você gastam muito, mas ao longo de um grande período.

A sua companhia não está indo mal, porém poderia maximizar seu lucro se conseguisse melhorar esses KPIs. Sabendo que as pessoas gostam da sua marca e voltam, mas não compram com a frequência esperada, você pode, por exemplo, adotar medidas como: lançar uma linha de acessórios – cintos, bolsas, meias – para complementar os *looks* que já tem e aumentar o ticket médio; criar um programa de fidelidade com benefícios para compras frequentes; e, por que não, implementar campanhas de e-mail marketing, recomendando produtos baseados nas compras anteriores.

Nessa situação hipotética, as pequenas ações ajudariam a organização a identificar um comportamento valioso dos clientes e criar uma estratégia de *cross-sell* (quando uma loja oferece um produto complementar ao que o consumidor está adquirindo) e fidelização, ampliando o lucro sem grandes investimentos em aquisição de novos clientes.

Os KPIs são vários e podem ser usados para medir uma infinidade de coisas. Contudo, de maneira geral, esses indicadores são classificados em três categorias, a depender de sua importância e do nível de influência sobre as decisões da empresa. São elas:

- **KPIs Primários:** são aqueles que refletem diretamente o sucesso ou o fracasso de uma companhia em relação a suas metas. Normalmente, são os mais relevantes para a tomada de decisões de alto nível estratégico. Exemplos: receita total, lucro líquido, *market share* e NPS (*Net Promoter Score*).
- **KPIs Secundários:** consistem nas métricas que dão suporte e influenciam os KPIs primários; entretanto, não são exatamente o foco principal da estratégia. Eles também contribuem para

que possamos entender o motivo pelo qual um KPI primário está apresentando determinado resultado. Exemplos: taxa de conversão, CAC (custo de aquisição de cliente) e *churn rate* (taxa de cancelamento de clientes).

- **KPIs Práticos:** estes são indicadores operacionais utilizados no dia a dia da organização para acompanhar seu desempenho. São importantes; no entanto, não afetam diretamente os resultados estratégicos. Servem muito mais para otimizar processos internos. Exemplos: tempo médio de atendimento, número de visitas ao site e tempo médio de produção.

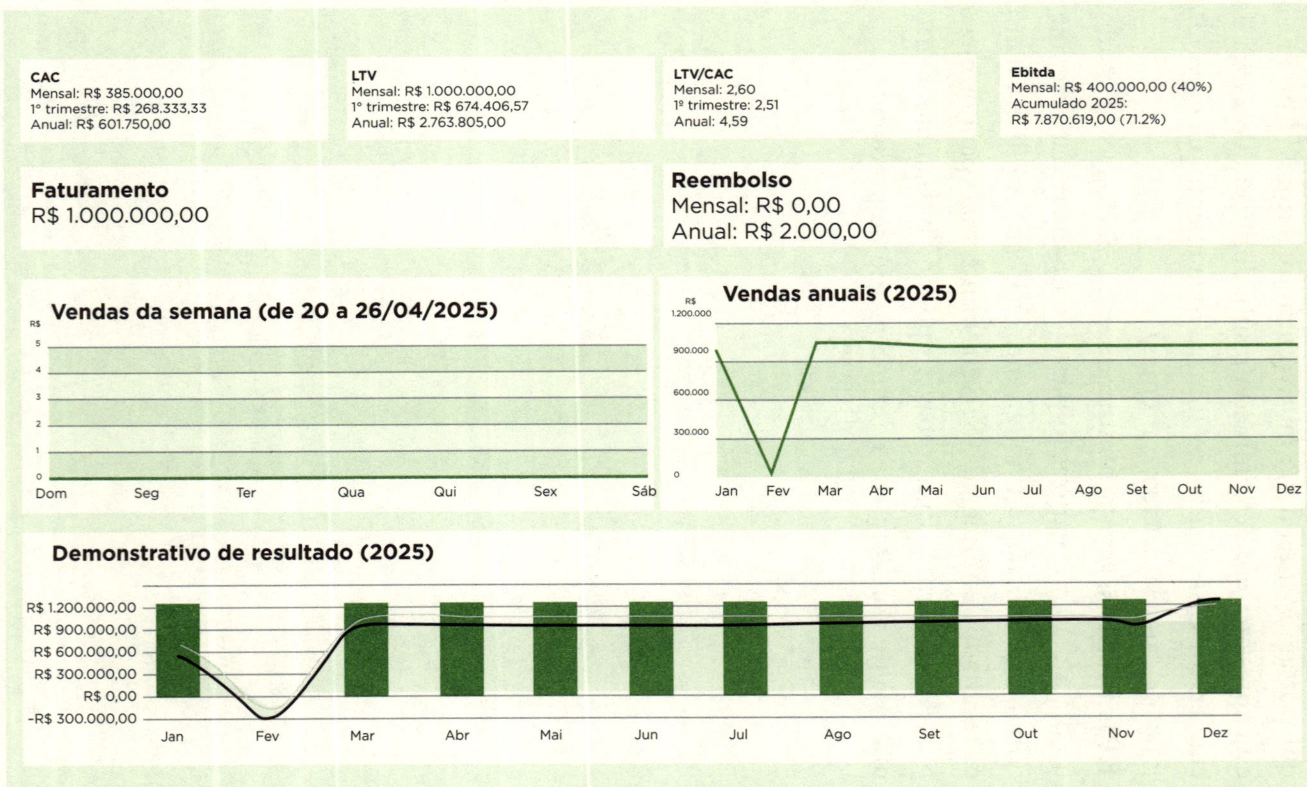

Este é um exemplo de como o Iuli apresenta os principais KPIs aos empresários que acessam a ferramenta.

Como esta obra aborda a gestão financeira e, portanto, nosso maior interesse aqui é entender e aprimorar nossos negócios sob essa perspectiva, vou me ater apenas aos KPIs relativos a essa área. Para facilitar a sua compreensão, organizei os principais indicadores financeiros e suas respectivas explicações no quadro a seguir:

Principais KPIs financeiros

Nome	Descrição	Como calcular
Fluxo de caixa	Mede a capacidade da empresa de gerar dinheiro a partir de suas operações. Indica se o empreendimento está conseguindo produzir caixa suficiente para sustentar suas atividades, arcar com suas obrigações e investir. É obtido através do resultado do fluxo de caixa.	Fluxo de caixa = Receitas operacionais – Despesas operacionais
Rentabilidade	A rentabilidade tem como objetivo apontar quanto os investimentos realizados pelo empresário rendem para a companhia.	Lucro líquido / Investimentos × 100 = % de Rentabilidade
Lucratividade	É comum que as pessoas confundam lucratividade com rentabilidade. Até o cálculo para se chegar a esses dois indicadores é parecido. Porém, a lucratividade busca descobrir qual é o lucro da organização, isto é, quanto ela está sendo lucrativa ou não.	Lucro líquido / Receita bruta × 100 = % de Lucratividade

Principais KPIs financeiros

Nome	Descrição	Como calcular
Faturamento	Este é talvez o KPI mais simples de ser obtido. Basta somar todas as receitas do negócio para ter o faturamento. Com ele, é possível saber como andam as vendas.	Soma de todas as receitas = Faturamento bruto do Período
Ticket médio	É o valor médio que cada cliente gasta em determinado período em uma empresa, o que ajuda na formulação de estratégias de vendas, como mostrei no caso do *e-commerce* de moda.	Faturamento bruto / Total de vendas = Ticket médio
Margem bruta	Representa a porcentagem da receita que sobra após a dedução dos custos diretos de produção. Indica quanto sobra da receita para cobrir despesas operacionais e gerar lucro.	Lucro bruto / Receita total × 100 = % de margem bruta
Margem líquida	Mostra a porcentagem da receita que realmente se transforma em lucro líquido, após a dedução de todos os custos e despesas – operacionais, impostos, juros etc. Com a margem líquida é possível descobrir a lucratividade real do negócio.	Lucro líquido após impostos / Receita total × 100 = Margem líquida
Margem de contribuição	Representa o valor que sobra da receita após a dedução dos custos e despesas variáveis, ou seja, quanto cada venda contribui para cobrir os custos fixos e gerar lucro. Revela a viabilidade financeira do produto ou serviço, ajudando na precificação.	Valor das vendas – (Custos variáveis + Despesas variáveis) = Margem de contribuição

Principais KPIs financeiros		
Nome	**Descrição**	**Como calcular**
Ponto de equilíbrio	É usado para saber se sua companhia chegou ao lucro zero, ou seja, se ela gera receita suficiente para arcar com seus compromissos financeiros sem gerar lucratividade. Quando isso acontece, todo o dinheiro que entra depois é lucro.	Despesas / % de margem de contribuição = Ponto de equilíbrio
Ebitda	O Ebitda mostra a performance e produtividade desconsiderando influências externas – impostos, juros, depreciações e outros. Em outras palavras, é quanto dinheiro é gerado pela operação da organização.	Lucro operacional antes de Imposto de Renda e receitas / (Despesa financeira + depreciação + amortização) = Ebitda

Para garantir que todas essas contas sejam feitas de maneira precisa, resultando em dados consistentes e sensíveis às possíveis mudanças de cenário ao longo do tempo, temos que tomar alguns cuidados:

1. Defina as metas do seu negócio

Não adianta nada calcular todos esses dez KPIs que acabei de listar se você não souber aonde quer chegar. Os números poderão até lhe dizer se sua empresa está com a saúde financeira em dia ou não, mas nada mais do que isso. Eles só terão utilidade verdadeira se você tiver em mente o que pretende alcançar. Por exemplo, caso estabeleça como objetivo aumentar a sua margem de lucro, os indicadores com certeza serão de grande valia para traçar estratégias que visem reduzir os custos, aumentar o ticket médio e revisar a política de preços do empreendimento. Mas não se esqueça: metas devem ser alcançáveis e ter um prazo definido para serem concretizadas.

2. **Identifique quais indicadores são mais relevantes**

   Dependendo dos seus objetivos, alguns KPIs serão melhores do que outros para conquistá-los. Quem deseja eliminar dívidas, por exemplo, deve se concentrar nos indicadores que auxiliam em monitoramento do endividamento, capacidade de pagamento e eficiência financeira do negócio. Alguns deles são: fluxo de caixa, Ebitda, índice de endividamento etc.

3. **Documente tudo minuciosamente**

   Para que toda a sua equipe entenda como os indicadores escolhidos são calculados e quais são os seus propósitos, você precisa desenvolver uma metodologia que indique quais KPIs serão usados e como serão combinados. Além disso, também é essencial registrar alguns detalhes, tais como: nome, descrição, fórmula, fonte, metas, *benchmarks*, responsáveis pelas contas e frequência de revisão.

Caso ainda tenha dúvidas em relação a como ficaria a representação gráfica dessas informações em uma plataforma, confira na sequência alguns exemplos que foram gerados dentro do sistema de gestão financeira Iuli.

A seguir, você também vai poder comprovar como alguns relatórios são fundamentais para fazer sua empresa lucrar cada vez mais. Aliar fluxo de caixa, DRE, balanço financeiro e gestão por orçamento permite que você tenha uma visão de 360º e muito bem detalhada de seu negócio.

FLUXO DE CAIXA

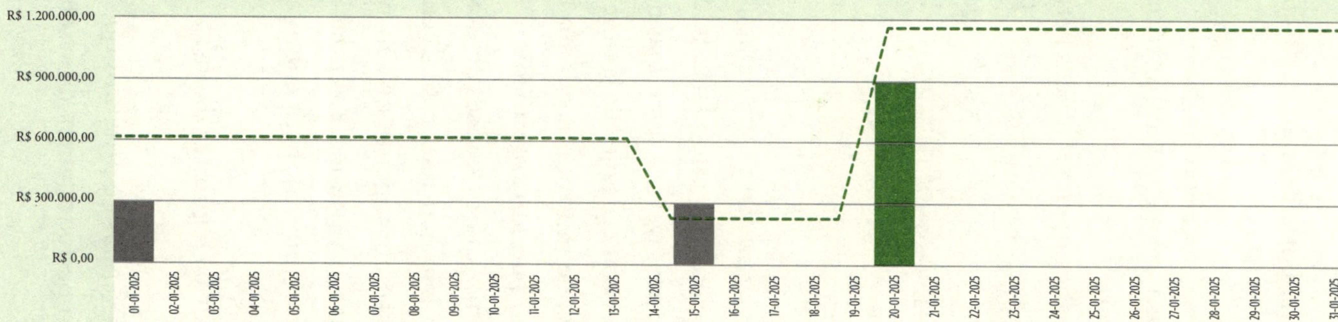

Data	Recebimentos	Pagamentos	Transferências (Entrada)	Transferências (Saídas)	Saldo Dia	Saldo Final
01/01/2025	R$ 0,00	R$ 315.000,00	R$ 0,00	R$ 0,00	-R$315.000,00	R$ 534.407,60
02/01/2025	R$ 0,00	R$ 0,00	R$ 0,00	R$ 0,00	R$ 0,00	R$ 534.407,60
03/01/2025	R$ 0,00	R$ 0,00	R$ 0,00	R$ 0,00	R$ 0,00	R$ 534.407,60
04/01/2025	R$ 0,00	R$ 0,00	R$ 0,00	R$ 0,00	R$ 0,00	R$ 534.407,60
05/01/2025	R$ 0,00	R$ 0,00	R$ 0,00	R$ 0,00	R$ 0,00	R$ 534.407,60
06/01/2025	R$ 0,00	R$ 0,00	R$ 0,00	R$ 0,00	R$ 0,00	R$ 534.407,60

Algumas dicas para não errar na hora de fazer e utilizar o seu fluxo de caixa são:

- Mantenha o controle diário das movimentações financeiras do seu negócio;
- Evite que o fluxo de caixa fique negativo por longos períodos;
- Se possível, use um software de gestão financeira para facilitar os cálculos;
- Analise esse documento com regularidade para tomar decisões estratégicas.

DRE GERENCIAL

Vamos partir agora para o DRE Gerencial. Esse é um demonstrativo obrigatório para todas as organizações. Não estou falando daquele DRE Contábil que o contador é responsável por fazer, mas de outro tipo de DRE. Mesmo que a empresa comece hoje, ele já deve existir; pois, como seu próprio nome diz, ele mostra o resultado líquido que uma empresa teve durante um período específico.

Com o DRE Gerencial, o empresário consegue descobrir se teve lucro ou prejuízo e como isso ocorreu. Esse documento permite que você tenha uma visão abrangente do seu negócio por informar, por exemplo, qual é o volume de vendas de que necessita para atingir o ponto de equilíbrio, bem como analisar a sua rentabilidade e lucratividade.

Para isso, você precisará reunir os seguintes dados:

- **Receita bruta:** inclui todas as vendas de produtos ou serviços realizados pela companhia no período, antes de serem debitados impostos e descontos.

- **Deduções e abatimentos:** deve considerar todos os impostos sobre vendas pagos – ICMS, PIS, COFINS, ISS etc. –, devoluções de clientes, descontos dados e outros tipos de reduções comerciais.
- **Receita líquida:** é a subtração da receita bruta pelas deduções e pelos abatimentos.
- **Custos de produtos e serviços:** engloba os custos diretamente relacionados à produção dos bens ou serviços. Por exemplo: matérias-primas, mão de obra direta, energia elétrica, fretes, embalagens, dentre outros.
- **Lucro bruto:** consiste na subtração da receita líquida pelo custo dos produtos ou serviços. É o valor efetivo que o empreendimento recebeu pelas vendas naquele espaço de tempo.
- **Despesas operacionais (administrativas, pessoas, manutenção):** abrange todos os gastos que a organização teve para operacionalizar o negócio. Entram aqui: salários, encargos sociais de funcionários, aluguel, internet etc. É algo que deve ser pago faça chuva ou faça sol, mesmo que você não venda nada ou não entre um centavo na conta.
- **Lucro/Prejuízo operacional:** lucro bruto menos despesas operacionais (administrativas, pessoas, manutenção).
- **Impostos sobre o lucro:** tributos pagos ao governo sobre o lucro obtido no período, como IRPJ (Imposto de Renda Pessoa Jurídica) e CSLL (Contribuição Social sobre o Lucro Líquido), por exemplo.
- **Resultado líquido do exercício antes de amortizações e sócios:** é o resultado final do DRE e representa o que realmente ficou para o negócio e os sócios. O resultado líquido do exercício é obtido pela subtração do lucro ou prejuízo operacional pelos impostos sobre o lucro.

	01/2025	
Categoria	Realizado ($)	%
> (+) RECEITA BRUTA OPERACIONAL	1.000.000,00	100%
(–) DEDUÇÃO SOBRE PRODUTOS E SERVIÇOS	100.000,00	10%
(=) RECEITA LÍQUIDA	900.000,00	90%
(–) CUSTOS VARIÁVEIS	85.000,00	8.5%
(F) LUCRO OPERACIONAL BRUTO	815.000,00	81.5%
(–) DESPESAS VARIÁVEIS	300.000,00	30%
(=) MARGEM DE CONTRIBUIÇÃO	515.000,00	51.5%
> (–) DESPESAS OPERACIONAIS	115.000,00	11.5%
(=) LUCRO OPERACIONAL ANTES DE...	400.000,00	40%
> (+/–) RESULTADO FINANCEIRO	0,00	-
(=) RESULTADO OPERACIONAL ANTES DE...	400.000,00	40%
(–) PROVISÃO	0,00	-
(=) LUCRO LÍQUIDO ANTES DE AMORT./PART.	400.000,00	40%
> (+) RECEITAS NÃO OPERACIONAIS	0,00	-
> (–) DESPESAS NÃO OPERACIONAIS	0,00	-
> (–) AMORTIZAÇÃO E INVESTIMENTOS	100.000,00	10%
> (–) PARTICIPAÇÃO DOS SÓCIOS	200.000,00	20%
(=) RESULTADO (LUCRO OU PREJUÍZO)...	100.000,00	10%

Minhas dicas para a realização do DRE Gerencial são:

- Esse demonstrativo deve seguir o regime de competência, ou seja, ser registrado quando os fatos acontecem, e ser fiel a tudo que entra e sai do financeiro da empresa, mesmo que às vezes você não tenha todas as informações pelas notas fiscais. É ele que mostra a real situação do seu negócio. O contador provavelmente vai demorar para lhe entregar o DRE Contábil, e esse documento ainda não representa a realidade nem tem a agilidade necessária para a tomada de decisões. Não há problema nisso, pois o financeiro pensa no futuro e lhe dá respostas do presente ao fazer; ao passo que a contabilidade registra o que aconteceu, ou seja, lança receitas e despesas na data em que ocorreram, não na data do pagamento/recebimento.

- Faça análises periódicas para entender o lucro operacional (Ebitda) da empresa e tomar decisões estratégicas.
- Se possível, utilize um sistema financeiro para gerar o DRE Gerencial automaticamente, isso lhe dá mais rapidez e confiabilidade nos dados.
- Quanto ao tema focar dinheiro no bolso, você precisar olhar para a geração de caixa anual, conforme a figura a seguir, pois é aí que a diferença acontece. A empresa está gerando caixa ou consumindo caixa?
- Qual a previsão de caixa no final do ano? Foi para isto que você abriu seu negócio: ter lucro e colocar dinheiro no bolso.

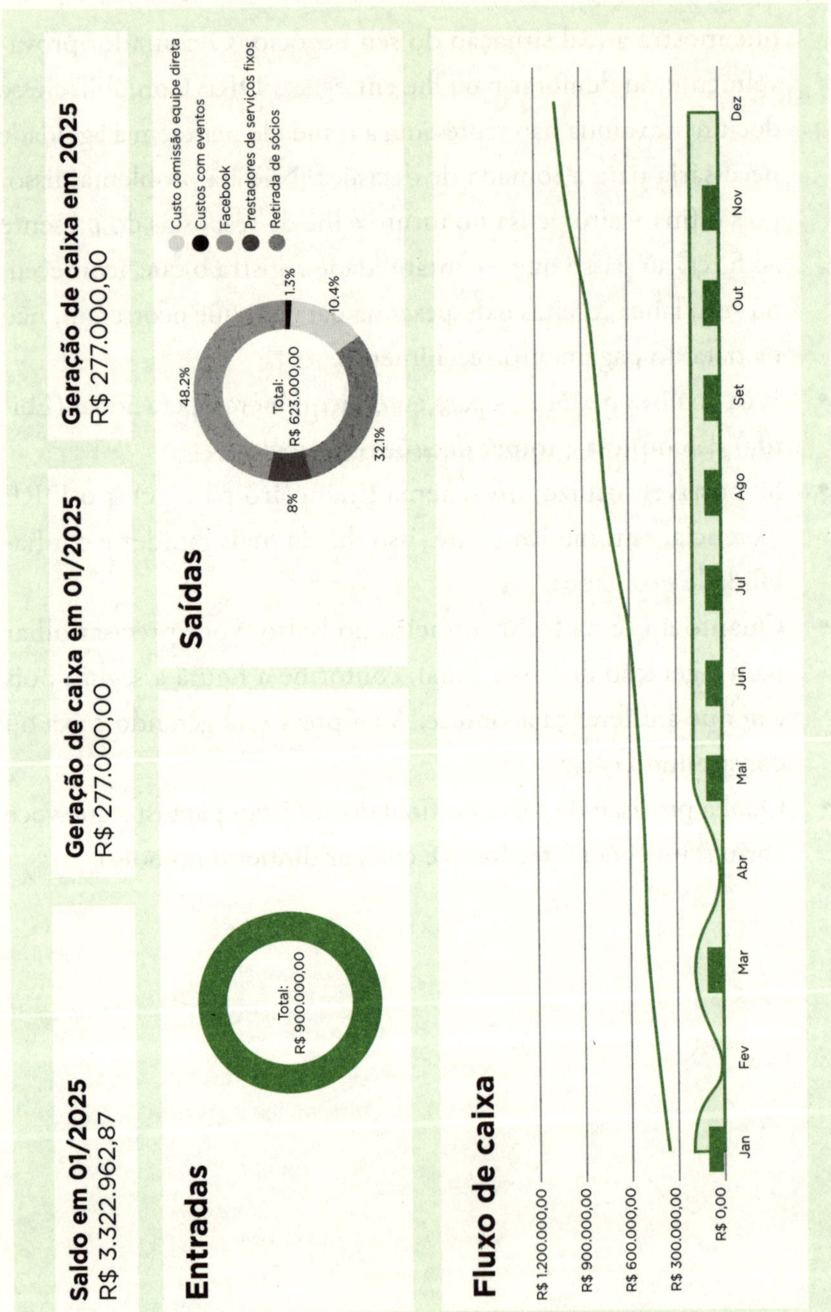
Saldo em 01/2025
R$ 3.322.962,87
Geração de caixa em 01/2025
R$ 277.000,00
Geração de caixa em 2025
R$ 277.000,00
Entradas
Total:
R$ 900.000,00
Saídas
Total:
R$ 623.000,00
48.2%
1.3%
10.4%
32.1%
8%
Custo comissão equipe direta
Custos com eventos
Facebook
Prestadores de serviços fixos
Retirada de sócios
Fluxo de caixa
R$ 1.200.000,00
R$ 900.000,00
R$ 600.000,00
R$ 300.000,00
R$ 0,00
Jan
Fev
Mar
Abr
Mai
Jun
Jul
Ago
Set
Out
Nov
Dez

BALANÇO PATRIMONIAL

A seguir, temos o balanço patrimonial, que, como você já deve imaginar, serve para nos manter informados sobre a situação do patrimônio da empresa. Normalmente, esse documento é gerado pela contabilidade ao fim de um ano fiscal; entretanto, assim como os outros dois, pode ser feito em períodos menores. São dispensadas de apresentá-lo somente as organizações optantes pelo Simples Nacional – MEI, ME e EPP – que estejam com suas obrigações em dia ou não participam de licitações. Mas para entrar em uma concorrência pública, por exemplo, essas empresas também precisam elaborar e enviar o seu balanço patrimonial.

A maior vantagem de realizar esse balanço é conseguir acompanhar a evolução patrimonial da empresa, pois é comum que empresários não visualizem o crescimento do seu empreendimento com exatidão. Ao analisar os dados contábeis da companhia, algumas pessoas focam, por exemplo, apenas o patrimônio bruto, o que confunde a percepção do negócio. Às vezes, elas acabam crendo que existe um desenvolvimento satisfatório ali. Contudo, se olharmos a fundo, podemos descobrir que o crescimento identificado ocorreu, na realidade, às custas de muito endividamento. Por outro lado, há quem acredite que o empreendimento está estagnado, porém a verdade é que todas as suas dívidas foram pagas e o seu patrimônio líquido aumentou.

Outro ponto positivo do balanço patrimonial é que ele facilita a sua vida na hora de obter crédito, já que esse documento reúne em um só lugar todas as informações necessárias para avaliar a saúde financeira da organização e, exatamente por esse motivo, é cobrado e analisado pelos bancos e investidores antes de concederem empréstimos ou efetuarem investimentos. Ademais, o documento também cumpre com os objetivos de oferecer um maior controle sobre as finanças da empresa e uma tomada de decisões mais acertada.

Para montá-lo, você precisará reunir todos os ativos financeiros da companhia, dentre eles: imóveis, veículos, direitos creditórios, maquinário, investimentos financeiros, estoque, caixa, direitos autorais etc. Da mesma forma, devem constar no balanço patrimonial as obrigações financeiras que entram como passivos, sendo eles: dívidas com fornecedores, empréstimos bancários, financiamentos e outros. Desse modo, conseguimos encontrar tanto o patrimônio bruto quanto o líquido.

Na prática, você precisará primeiro levantar todas as informações financeiras da organização, incluindo: relatórios de caixa e bancos, contas a pagar e a receber, relação de estoque, bens da empresa (máquinas, veículos, imóveis etc.), empréstimos e financiamentos. Depois, basta colocar tudo no papel – mas fique tranquilo, essa tarefa não é sua. Só quero que saiba a utilidade desse documento e por que ele deve ser cobrado, afinal você paga o contador para que ele organize tudo para você.

Veja, a seguir, um apanhado dos dados necessários para fazer o balanço patrimonial:

1. **Ativo (bens e direitos):** aqui, você listará os recursos da empresa – isto é, tudo o que ela possui –, classificados em ativo circulante (caixa, contas a receber, estoques, investimentos de curto prazo) e não circulante (bens duráveis, como máquinas, imóveis, veículos e investimentos de longo prazo).
2. **Passivo (obrigações e dívidas):** neste local, será relacionado tudo o que a organização deve, abrangendo o passivo circulante (fornecedores, impostos a pagar, empréstimos de curto prazo) e o não circulante (financiamentos de longo prazo, provisões).

3. **Patrimônio líquido (capital próprio):** para encontrar o patrimônio líquido do seu negócio, basta subtrair ativo e passivo, sem se esquecer de incluir o capital social (investimentos dos sócios), as reservas de lucro e os prejuízos acumulados – se houver – na conta.

Não deixe de verificar o equilíbrio contábil do balanço, ele deve seguir esta fórmula:

Ativo = Passivo + Patrimônio líquido

GESTÃO POR ORÇAMENTO

Em relação à gestão por orçamento: ninguém quebra se gerencia sua empresa por orçamento.

Gerenciar seu negócio por orçamento é importante para ter certeza de que está no caminho correto. É importante saber, pelo menos via contas macro, quanto você vai dedicar para cada linha de Receitas e Despesas do DRE Gerencial. Assim, no dia a dia, é possível analisar se está no caminho planejado ou não. Isso lhe dá a clareza de saber se precisa mudar algo para cumprir o planejado.

Sem isso, o ano pode passar sem que você tenha perspectivas de mudanças e melhorias, pois não está medindo seu negócio para avaliar se está evoluindo ou não. É preciso analisar as métricas e, então, definir e realizar ações que desenvolvam o negócio.

Veja a seguir um exemplo de gestão por orçamento, considerando o que foi realizado *versus* o que foi orçado e suas variações positivas ou negativas.

Categoria	01/2025				Total				Média			
	Realizado ($)	Orçado ($)	Diferença	%	Realizado ($)	Orçado ($)	Diferença	%	Realizado ($)	Orçado ($)	Diferença	%
(+) RECEITA BRUTA OPERACIONAL	1.000.000,00	595.833,33	↑ 404.166,67	↑ 67.83%	1.000.000,00	595.833,33	↑ 404.166,67	↑67.83%	1.000.000,0	595.833,33	↑ 404.166,67	↑ 67.83%
(–) DEDUÇÃO SOBRE PRODUTOS E SERVIÇOS	100.000,00	79.166,67	↓–20.833,33	↓–26.32%	100.000,00	79.166,67	–20.833,33	↓–26.32%	100.000,00	79.166,67	↓–20.833,33	↓–26.32%
(=) RECEITA LÍQUIDA	900.000,00	516.666,67	↑ 383.333,33	↑ 74.19%	900.000,00	516.666,67	↑ 383.333,33	↑ 74.19%	900.000,00	516.666,67	↑ 383.333,33	↑74.19%
(–) CUSTOS VARIÁVEIS	85.000,00	166.666,67	↑ 81.666,67	↑49.00%	85.000,00	166.666,67	↑ 81.666,67	↑ 49.00%	85.000,00	166.666,67	↑ 81.666,67	↑ 49.00%
(=) LUCRO OPERACIONAL BRUTO	815.000,00	350.000,00	↑ 465,000,00	↑ 132.86%	815.000,00	350.000,00	↑ 465.000,00	↑ 132.86%	815.000,00	350.000,00	↑ 465.000,00	↑ 132.86%
(–) DESPESAS VARIÁVEIS	300.000,00	64.166,67	↓–235.833,33	↓ –367.53%	300.000,00	64.166,67	↓–235.833,33	↓ –367.53%	300.000,00	64.166,67	↓ –235.833,33	↓ –367.53%
(=) MARGEM DE CONTRIBUIÇÃO	515.000,00	285.833,33	↑ 229,166,67	↑ 80.17%	515.000,00	285.833,33	↑ 229.166,67	↑ 80.17%	515.000,00	285.833,33	↑ 229.166,67	↑ 80.17%
(–) DESPESAS OPERACIONAIS	115.000,00	121.666,67	↑6.666,67	↑ 548%	115.000,00	121.666,67	↑ 6.666,67	↑ 5.48%	115.000,00	121.666,67	↑ 6.666,67	↑ 5.48%
(=) LUCRO OPERACIONAL ANTES DE JUROS E IMPOSTOS (EBITDA)	400.000,00	164.166,67	↑ 235.833,33	↑ 143.65%	400.000,00	164.166,67	↑ 235.833,33	↑ 143.65%	400.000,00	164.166,67	↑ 235.833,33	↑ 143.65%
(+/–) RESULTADO FINANCEIRO	0,00	0,00	↑ 0,00	↑0.00%	0,00	0,00	↑ 0,00	↑0.00%	0,00	0,00	↑ 0,00	↑ 0.00%
(=) RESULTADO OPERACIONAL ANTES DO IRPJ e CSLL	400.000,00	164.166,67	↑ 235.833,33	↑ 143.65%	400.000,00	164.166,67	↑ 235.833,33	↑143.65%	400.000,00	164.166,67	↑ 235.833,33	↑ 143.65%
(–) PROVISÃO	0,00	0,00	↑ 0.00	↑0.00%	0,00	0,00	↑ 0,00	↑ 0.00%	0,00	0,00	↑0,00	↑0.00%

Categoria	01/2025				Total				Média			
	Realizado ($)	Orçado ($)	Diferença	%	Realizado ($)	Orçado ($)	Diferença	%	Realizado ($)	Orçado ($)	Diferença	%
(=) LUCRO LÍQUIDO ANTES DE AMORT./PART.	400.000,00	164.166,67	↑ 235.833,33	↑ 143.65%	400.000,00	164.166,67	↑ 235.833,33	↑ 143.65%	400.000,00	164.166,67	↑ 235.833,33	↑ 143.65%
(*) RECEITAS NÃO OPERACIONAIS	0,00	0,00	↑ 0,00	↑ 0.00%	0,00	↑ 0,00	↑ 0,00	↑ 0.00%	0,00	0,00	↑ 0,00	↑ 0.00%
(–) DESPESAS NÃO OPERACIONAIS	0,00	0,00	↑ 0,00	↑ 0.00%	0,00	0,00	0,00	↑ 0.00%	0,00	0,00	↑ 0,00	↑ 0.00%
(–) AMORTIZAÇÃO E INVESTIMENTOS	100.000,00	0,00	≤ –100.000,00	↑ 0.00%	100.000,00	0,00	↓ –100.000,00	↑ 0.00%	100.000,00	0,00	↓ –100.000,00	↑ 0.00%
(–) PARTICIPAÇÃO DOS SÓCIOS	200.000,00	0,00	↓ –200.000,00	↑ 0.00%	200.000,00	0,00	↓ –200.000,00	↑ 0.00%	200.000,00	0,00	↓ –200.000,00	↑ 0.00%
(=) RESULTADO (LUCRO OU PREJUÍZO) LÍQUIDO DO EXERCÍCIO	100.000,00	164.166,67	↓ –64.166,67	↓ –39.09%	100.000,00	164.166,67	↓ –64.166,67	↓ –39.09%	100.000,00	164.166,67	↓ –64.166,67	↓ –39.09%

Percebe como aliar fluxo de caixa, DRE, balanço patrimonial e gestão por orçamento permite que você tenha uma visão bastante detalhada do seu negócio?

A fim de esclarecer ainda mais, analise este exemplo: imagine que você tenha uma loja de roupas que abriu duas novas filiais em um curto espaço de tempo. Você acreditava que o empreendimento estava indo de vento em popa, uma vez que as vendas aumentavam constantemente. No entanto, começou a notar certa dificuldade para pagar fornecedores e funcionários.

Em um cenário como esse, seria possível utilizar as quatro ferramentas citadas para compreender o que de fato está ocorrendo com a empresa. No balanço, por exemplo, você pode perceber que o capital de giro está reduzido e que o endividamento aumentou. As novas filiais podem ter exigido grandes investimentos em estoque e reforma, financiados por empréstimos. Ou seja, a sua organização estava muito endividada e tinha pouca liquidez. Enquanto isso, o DRE Gerencial serviria para mostrar que, apesar do crescimento das receitas, os custos operacionais das novas lojas estavam muito altos e a margem de lucro estava menor do que o esperado, o que significa que as novas filiais estavam gerando vendas, mas os lucros não acompanhavam o aumento das despesas.

Já a análise do fluxo de caixa teria como revelar a você que a empresa estava com fluxo negativo. O dinheiro das vendas não estava entrando rápido o suficiente para cobrir as despesas. Muitas dessas comercializações eram feitas a prazo, parceladas no cartão de crédito, mas os fornecedores exigiam pagamento à vista e o caixa estava ficando no vermelho todo mês. O problema detectado aqui seria que, apesar do lucro no papel, a falta de capital em caixa estava comprometendo a operação.

A partir de tudo o que foi mostrado por esses relatórios, você teria condições de tomar algumas atitudes, como: renegociar prazos com fornecedores, buscando parcelamentos e melhores condições de pagamento; reduzir custos operacionais, fechando uma das filiais que estava com baixo desempenho e realocando o time; mudar a política de vendas, incentivando pagamentos à vista e oferecendo descontos para clientes que não parcelassem; e/ou revisar estoques, comprando apenas o necessário para evitar desperdícios e excesso de capital parado.

Perceba que, somente com alguns ajustes, a sua empresa conseguiria equilibrar o fluxo de caixa em poucos meses, diminuindo o endividamento e mantendo um negócio mais rentável. A análise combinada do fluxo de caixa, DRE Gerencial, balanço patrimonial e gestão por orçamento o ajudaria a entender que crescimento acelerado sem planejamento pode levar ao colapso financeiro e que mesmo um negócio lucrativo pode ter problemas de endividamento e fluxo de caixa.

Sendo assim, podemos concluir que o **balanço patrimonial** será sempre como uma espécie de fotografia da empresa, revelando a sua solidez financeira e capacidade de crescer ou enfrentar crises. Em contrapartida, o **DRE Gerencial** deixa claro o desempenho da companhia, permitindo avaliar se ela está sendo lucrativa ou gerando prejuízo. O **fluxo de caixa** demonstra o fluxo real de dinheiro, o que nos permite compreender se a organização tem capital suficiente para continuar operando, independentemente do lucro, e a **gestão por orçamento** nos mostra se a companhia está tendo o desempenho planejado ou se devemos rever a rota e ações.

Juntos, eles oferecem um olhar estratégico e evitam surpresas financeiras desagradáveis. O cruzamento das informações desses demonstrativos com KPIs potencializa ainda mais a avaliação das contas de um empreendimento, contribuindo enormemente para a identificação de tendências, gargalos e oportunidades. Assim, a gestão financeira se transforma em um processo inteligente e estratégico, permitindo decisões embasadas e sustentáveis. Escute o que lhe digo: não há como fracassar quando você lança mão de dados e cálculos da maneira correta.

Dica extra

Outra ferramenta que gosto de usar em meus atendimentos às diversas companhias em que presto consultoria é a Curva ABC. Resumindo, ela é uma metodologia de classificação que permite identificar os itens mais relevantes dentro de um conjunto de dados. Normalmente é aplicada na gestão de estoques; entretanto, pode ser usada também para analisar e controlar outras áreas de uma companhia. Ela baseia-se no Princípio de Pareto, que afirma que cerca de 20% dos itens representam 80% dos resultados.

Os itens analisados pela Curva ABC são divididos em três categorias:

- **Classe A:** os mais importantes, que representam a maior parte do valor total (aproximadamente 80%);
- **Classe B:** intermediários, com impacto médio (cerca de 15%);
- **Classe C:** menos relevantes, mas que podem compor um volume grande de itens (cerca de 5%).

Na gestão de estoques, ela indica os produtos mais vendidos para otimizar compras e reduzir desperdícios. Já na análise de clientes, permite focar aquelas pessoas que compram e geram mais receita para o negócio. Quando o assunto é controle de custos, prioriza despesas que impactam mais os lucros. Mas não se engane, nem sempre os clientes que compram mais são os mais lucrativos, então uma dica aqui é usar a margem de contribuição por cliente, e não somente a receita; afinal queremos lucro, e não faturamento, não é? Espero que seu mindset neste momento já tenha mudado!

Esta é mais uma das ótimas opções que o empresário tem para tomar decisões baseadas em dados reais, priorizando ações que impactam diretamente os resultados. Isso ajuda a otimizar investimentos, reduzir desperdícios e melhorar a eficiência do negócio. Vale a pena se informar mais sobre a Curva ABC.

07.

PASSO 4: SEGURANÇA

Após conhecer e colocar em prática os três passos que acabei de apresentar, tenho uma boa notícia para você, leitor: você já está quase pronto para completar a jornada do Lucro Real – M2CS e garantir uma empresa muito mais saudável, lucrativa e bem-sucedida. Para isso, falta apenas uma coisa: segurança para tomar as decisões mais acertadas para o seu negócio. Afinal, é por meio desse sentimento de confiança no que sabemos e estamos fazendo que conseguimos partir de fato para a ação, concretizando tudo o que sempre sonhamos.

Se você já conseguiu construir um mindset com foco no lucro, estruturar um sistema que garante a confiabilidade dos dados da sua empresa e efetuar os cálculos que revelam a real situação do seu negócio com o máximo de clareza, não se preocupe, esta última etapa, provavelmente, será a mais fácil. Afinal, todas as outras, na verdade, funcionam também como uma preparação para que você conquiste a confiança de que tanto necessita a fim de fazer desde as escolhas mais simples às mais relevantes para o seu empreendimento de maneira consciente e eficaz.

Pense comigo: se você aplicou tudo o que lhe falei até aqui, com certeza já sabe muito bem que sua principal meta deve ser alcançar o lucro. Também tem tudo de que precisa em mãos para tomar uma decisão baseada em uma análise sistemática, ou seja, que leva em consideração fatos, possíveis consequências e uma visão de curto e longo prazo. É exatamente essa avaliação lógica e coerente que os dados levantados, armazenados e tratados com precisão, bem como observação de KPIs e relatórios contábeis, como o DFC, o DRE e o balanço patrimonial, oferecem a você.

Tendo em mente como se dá um processo de escolha seguro entre duas ou mais alternativas no dia a dia de uma organização, fica nítido como os passos do meu método podem ajudá-lo. Veja:

1. **Definição de objetivos**

Boas decisões necessitam de metas claras. Só quando conseguimos enxergar o nosso destino é que temos capacidade de traçar a rota que nos levará até lá. Não há como saber o caminho se não temos ao menos uma ideia de aonde precisamos chegar. Quando isso está claro, podemos avaliar todas as opções de forma estratégica, orientando nossas ações e evitando atos impulsivos. Sem falar que temos ainda a possibilidade de nos comunicar e alinhar melhor todo o plano adotado com nossa equipe.

2. **Informações relevantes**

Depois de estabelecer um objetivo, o ideal é que nos concentremos em pesquisar e coletar dados para que possamos entender melhor a conjuntura que está posta diante de nós, quais problemas existem ali e como eles podem ser solucionados. É através das informações que conseguimos ter uma visão realista dos fatos, fundamentar nossas decisões e evitar erros possivelmente prejudiciais, ou mesmo fatais, para o empreendimento.

3. **Prós e contras**

Com base nos dados que foram reunidos anteriormente, agora vamos avaliar os prós e os contras de cada opção que temos disponível. É necessário estar atento aos impactos imediatos e futuros que podem ser provocados por essas escolhas. Dessa forma, temos condições de tomar decisões que contribuam para diminuir riscos e promover vantagens duradouras. Em outras palavras, temos a chance de agir de maneira mais estratégica.

4. Aprendizado

Olhar para trás e aprender com os erros de experiências passadas também é fundamental. Caso sua companhia já tenha enfrentado ou ainda esteja enfrentando algum dos problemas que mencionei ao longo desta obra, não ignore a situação. Ao analisar antigas escolhas e seus resultados, você encontra informações valiosas. É possível identificar o que não funcionou para, então, evitar repetir o erro. Assim, suas decisões se tornam mais conscientes e seguras.

5. Combatendo a procrastinação

A partir do momento em que se sente mais seguro para fazer escolhas e agir, atitudes como a procrastinação tendem a diminuir bastante, pois você sabe exatamente o que está acontecendo em seu negócio, tem controle sobre os processos e conhecimento suficiente para tomar qualquer tipo de decisão. Você não precisa ficar ansioso, estressado ou com medo de que algo dê errado. Mesmo que ocorra alguma falha em algum instante, você é totalmente capaz de lidar com as consequências e revertê-las.

Viu como cada etapa do processo de escolha se encaixa perfeitamente com as do M2CS? Vale lembrar que ter um bom nível de confiança para tomar decisões é essencial, pois cada uma delas molda nossas ações diárias e impacta diretamente os resultados que alcançamos ao final do mês.

PARA VOCÊ TER MAIS SEGURANÇA

Notou que tudo gira em torno do conhecimento? E faço questão de dividir com você esse conhecimento para que seu negócio obtenha o melhor resultado possível, gerando prosperidade não só para você, mas para todo o país. Para garantir que isso aconteça, lhe darei mais uma dica de ouro. Quando você tiver que fazer uma escolha difícil, que o deixe em dúvida, sugiro que lance mão de uma ferramenta denominada análise SWOT, ou FOFA, usada no meio empresarial para identificar pontos fortes e fracos ou oportunidades e ameaças a uma empresa.

A técnica SWOT foi desenvolvida pelo pesquisador norte-americano Albert S. Humphrey, da Universidade de Standford, durante a década de 1960. Ela surgiu de um projeto de Humphrey e seu time que visava encontrar uma maneira de realizar uma autoavaliação eficiente de empresas por meio da identificação de fatores internos e externos que influenciavam seus objetivos.[21]

O nome SWOT, na verdade, é um acrônimo para: *Strengths* (Forças), *Opportunities* (Oportunidades), *Weaknesses* (Fraquezas) e *Threats* (Ameaças), sendo FOFA a sua versão em português. Geralmente, a análise SWOT/FOFA é representada por uma matriz dividida em quatro quadrantes, um para cada aspecto que compõe a ferramenta, organizados sobre dois eixos que indicam os elementos internos (acima) e externos (abaixo), positivos (esquerda) e negativos (direita), como você pode conferir na imagem a seguir.

---

21 VEIGA, M. Como executar uma análise SWOT das suas metas. **Hubspot**, 2024. Disponível em: https://br.hubspot.com/blog/marketing/analise-swot. Acesso em: 31 mar. 2025

Interna

Positiva | **Negativa**

Pontos fortes

- O que fazemos bem?
- O que nossos clientes ou parceiros dizem que gostam sobre nós?
- Em que areas superamos nossos concorrentes?
- Quais aspectos são únicos em relação a nosso negócio, produtos ou serviços?
- Que ativos temos (propriedade intelectual, tecnologia própria etc.)

Pontos fracos

- O que podemos melhorar?
- Com o que nossos clientes ou parceiros não estão satisfeitos?
- No que ficamos para trás em relação a nossos concorrentes?
- Em que nos falta conhecimento ou recursos?

Oportunidades

- Quais novas tendências podemos aproveitar?
- Quais de nossos pontos fortes podem ter valor para possíveis parceiros?
- Quais mercados adjacentes podemos explorar?
- Há geografias com menos concorrência?

Ameaças

- O que sua concorrência está fazendo?
- Como nossos pontos fracos podem nos deixar vulneráveis?
- Para quais tendências de mercado estamos despreparados?
- Quais questões econômicas ou políticas poderiam ter impacto em nosso negócio?

Externa

BOAS DECISÕES NECESSITAM DE METAS CLARAS. SÓ QUANDO CONSEGUIMOS ENXERGAR O NOSSO DESTINO É QUE TEMOS CAPACIDADE DE TRAÇAR A ROTA QUE NOS LEVARÁ ATÉ LÁ.

ENGENHARIA DO LUCRO

@DRAKELENABREU

Essa estrutura pode ser aproveitada para diversos tipos de situações dentro de uma companhia, entre eles: criação de planejamento estratégico, lançamento de novos produtos/serviços, viabilidade de expansão de mercado, gestão de crises, melhoria de processos internos, análise da concorrência e, claro, tomada de decisões financeiras.

Nesse último caso, que é o que mais nos interessa aqui, é possível usar os critérios da análise SWOT/FOFA para avaliar a situação financeira de um negócio, escolher em quais investimentos apostar, quais custos cortar, como tonar a organização mais eficiente financeiramente, além de realizar uma boa gestão de riscos financeiros. Ao fornecer uma visão clara da situação interna e externa da organização, essa técnica nos ajuda a fazer escolhas bem mais seguras e alinhadas com a realidade.

Para realizar uma análise SWOT do seu empreendimento, você deve:

1. **Estabelecer uma meta:** você precisa, por exemplo, cortar custos, optar por um tipo de investimento ou entender o que fazer em uma conjuntura de crise. Para saber como prosseguir, entenda primeiro o que quer.
2. **Listar seus pontos fortes:** de acordo com o objetivo definido, você vai identificar quais são os diferenciais da sua empresa. O que pode ajudá-lo a superar desafios, aproveitar oportunidade e enfrentar ameaças?
3. **Anotar as desvantagens:** só conseguimos superar obstáculos se sabemos exatamente com o que estamos lidando, por isso é tão importante detectar as prováveis indisponibilidades e gargalos que podem ser encontrados em sua companhia.

4. **Elencar as oportunidades:** se você quer potencializar o seu crescimento, é igualmente necessário descobrir as oportunidades que seu negócio pode aproveitar.
5. **Identificar as possíveis ameaças:** tudo o que pode impedir ou dificultar o alcance dos seus objetivos tem que ser mapeado para que você possa compreender os riscos existentes na ação que deseja executar e como mitigá-los.
6. **Organizar todas essas informações dentro da matriz:** por fim, basta lançar todas essas informações na matriz elaborada por Albert S. Humphrey e refletir, com seu time, sobre todos os pontos inseridos ali.

Quer um exemplo prático? Vamos supor que você tenha um e-commerce especializado em produtos eletrônicos e perceba que seus custos operacionais estão elevados, impactando sua margem de lucro. O alto gasto com logística, estoque e publicidade digital está pressionando o orçamento, e a empresa precisa encontrar formas de cortar custos sem comprometer a qualidade do serviço ou a experiência do cliente. Diante disso, você montou a seguinte matriz:

Interna

Positiva | **Negativa**

Forças

- Plataforma de vendas bem-estruturada e automatizada;
- Boa reputação e avaliações positivas dos clientes;
- Base de clientes fiel e recorrente.

Fraquezas

- Alto custo de logística devido a frete e armazenagem;
- Grande dependência de anúncios pagos para atrair clientes;
- Estoque elevado, gerando custos extras de armazenamento.

Oportunidades

- Possibilidade de negociar melhores contratos com fornecedores e transportadoras;
- Uso de novas tecnologias para reduzir custos logísticos e operacionais;
- Redução de custos com publicidade ao investir em marketing orgânico.

Ameaças

- Aumento nos preços de insumos e taxas de transporte;
- Concorrência oferecendo frete grátis e preços agressivos;
- Flutuações na demanda do mercado e crises econômicas.

Externa

Com base nesses dados, você pode chegar a algumas conclusões interessantes. Se você observar os quadrantes Fraquezas e Oportunidades, perceberá que é possível reduzir os custos com logística negociando melhores taxas com transportadoras e fornecedores, além de implementar um modelo de *dropshipping* (em que o lojista atua como intermediário entre o fornecedor e o comprador) ou parceria com fornecedores para reduzir estoque e armazenagem.

Continuando nesses mesmos quadrantes, também conseguimos notar a possibilidade de diminuir a dependência de anúncios pagos da companhia, investindo em estratégias de SEO, redes sociais e marketing de conteúdo para atrair tráfego orgânico. Uma alternativa é criar um programa de fidelidade para incentivar recompras e diminuir o custo de aquisição de clientes.

Já nos itens Fraquezas e Ameaças, temos indícios de que a organização pode adotar estratégias para otimizar o estoque. Para isso, é necessário utilizar um sistema de previsão de demanda a fim de evitar excesso de produtos no estoque e vender itens de baixo giro com promoções estratégicas, visando liberar espaço e reduzir custos de armazenagem.

Quando olhamos para os aspectos de Forças e Oportunidades do empreendimento, consideramos que ainda existe a possibilidade de aproveitar a tecnologia para eficiência operacional, com a adoção de duas medidas simples. Primeiro, implementar um sistema de gestão integrada para otimizar o controle de pedidos e evitar desperdícios. Em seguida, automatizar processos de atendimento ao cliente, reduzindo custos com equipe de suporte.

Viu como a análise SWOT pode ser uma poderosa ferramenta para encontrar respostas estratégicas? Nesse exemplo, ela auxiliou a organização a identificar onde estão os principais custos excessivos e as oportunidades para otimização. Essa ferramenta foi capaz de nos mostrar como reduzir despesas sem perder competitividade, garantindo eficiência financeira e sustentabilidade no longo prazo.

SERVIÇOS CONTÁBEIS

Mais uma vez: é o conhecimento que nos dá condições para tomar as melhores decisões e ver o nosso negócio deslanchar. É por esse motivo que sempre incentivo os meus clientes a buscar, pelo menos, as informações básicas sobre os principais aspectos que envolvem a gestão do negócio deles. Obviamente, para ser dono de uma padaria é preciso saber muito bem como preparar pães, bolos, doces e outros produtos essenciais com o máximo de qualidade; porém, aquele que deseja conquistar resultados expressivos e se perpetuar no mercado deve ir muito além.

Você não precisa ser especialista na área financeira; no entanto, ter noção dos principais impostos que a empresa tem que pagar e manter tudo regularizado pode evitar muitas dores de cabeça, como multas e problemas fiscais. Investir um pouco de tempo em leituras como esta, cursos on-line e consultorias sobre finanças é outra opção que ajuda o empresário a manter o empreendimento saudável.

No entanto, se você estiver passando por alguma dificuldade ou não conseguir colocar tudo isso em prática, vale a pena investir na contratação de um especialista. Meu time da Lucros Reais e eu, por exemplo, oferecemos uma série de serviços que podem facilitar, e muito, a sua vida. São eles:

- **Legalização de empresas:** nosso intuito aqui é transformar sonhos em realidade. Cuidamos de todo o processo de abertura da sua organização, eliminando a burocracia e evitando custos desnecessários, para que você possa começar a lucrar desde o primeiro dia, com uma estrutura pronta para o sucesso. Além disso, fazemos alterações de empresas e baixas, caso precise.

- **Planejamento tributário:** enquanto você foca vendas, nós trabalhamos para que sua companhia pague o menor imposto possível, sempre dentro da legalidade. Utilizamos as melhores práticas personalizadas para o seu empreendimento, garantindo economia e eficiência tributária.
- **BPO financeiro completo:** tenha rotinas financeiras estruturadas e dados confiáveis. Nosso BPO financeiro completo inclui diagnóstico financeiro, mapeamento e otimização dos processos de contas a pagar e receber integrado a compras, gestão de fluxo de caixa, agendamentos bancários, conciliação bancária e relatórios detalhados. Garantimos que você tenha acesso a todos os dados e informações necessários para tomar as melhores decisões estratégicas. Além disso, você é o único a aprovar as contas.
- **BPO de faturamento:** essa modalidade de BPO é a solução ideal para empreendedores que desejam eficiência e tranquilidade na gestão do faturamento da sua empresa. Oferecemos uma rotina completa para garantir que as notas fiscais sejam emitidas no prazo e sem erros, alinhando todos os dados necessários para a contabilidade. Nosso objetivo é assegurar que seu negócio esteja sempre em dia com as obrigações fiscais e contábeis, eliminando atrasos, multas e retrabalhos. Deixe as finanças com a Lucros Reais e foque o crescimento do seu negócio.
- **Controladoria:** a controladoria analisa e otimiza a saúde financeira da empresa, identificando desperdícios e consolidando dados financeiros. Ao integrar as áreas financeira, contábil e jurídica, ela garante decisões estratégicas seguras para maximizar o lucro.

- **Contabilidade:** cuidamos da sua contabilidade de maneira diferenciada. Esqueça a burocracia de guias e boletos: oferecemos uma assessoria completa, desde a abertura até a venda da sua organização. Gerenciamos toda a parte fiscal, registrando as movimentações financeiras, preenchendo demonstrativos e documentos essenciais, e garantindo os controles necessários para o funcionamento saudável e sustentável do seu negócio.
- **Planejamento orçamentário *in company*:** engaje seus colaboradores para lucrar mais. Passamos um dia inteiro na sua empresa para estruturar o orçamento e capacitar o seu time para o Mindset do Lucro.

Gostou de alguma dessas opções? Então acesse o QR Code a seguir para mais informações:

https://lucrosreais.com.br/

Seja aplicando tudo o que ensinei ao longo de todas estas páginas ou contratando um profissional para gerir o seu financeiro, você perceberá que este é o caminho que sempre procurou para a liberdade. Ter controle sobre as finanças do seu negócio lhe permite tomar decisões estratégicas e permanecer livre para focar o que realmente importa: produzir, atender ao cliente e até mesmo desfrutar de tempo para descansar e aproveitar a vida com seus amigos e familiares.

Quantas pessoas não sonharam em empreender não só para ganhar mais, mas também para poder fazer o seu próprio horário e usar o seu tempo livre como bem entender, sem maiores preocupações? Seguindo o meu método, isso é mais do que possível. Afinal, uma gestão organizada e eficiente traz a segurança de que sua empresa necessita e ainda permite que você concentre suas energias no crescimento e nos próximos passos a serem dados. Assim, os resultados com certeza virão, e você poderá finalmente conquistar tudo o que sempre almejou.

QUANDO AS PRINCIPAIS DECISÕES SOBRE UMA EMPRESA SÃO TOMADAS DE MANEIRA FUNDAMENTADA, COERENTE E ESTRATÉGICA, OS RESULTADOS POSITIVOS PASSAM A SER UMA CONSEQUÊNCIA NATURAL. FAZER COM QUE SUA OPERAÇÃO FUNCIONE DA MANEIRA IDEAL EXIGE DEDICAÇÃO E INVESTIMENTO, MAS GARANTO QUE TODO O ESFORÇO VALE A PENA E QUE SUA FORMA DE VER E PENSAR OS NEGÓCIOS NUNCA MAIS SERÁ A MESMA.

TER CONTROLE SOBRE AS FINANÇAS DO SEU NEGÓCIO LHE PERMITE TOMAR DECISÕES ESTRATÉGICAS E PERMANECER LIVRE PARA FOCAR O QUE REALMENTE IMPORTA.

ENGENHARIA DO LUCRO

@DRAKELENABREU

08.

A MELHOR HORA PARA COMEÇAR É AGORA

Depois de ter acesso a todo este conteúdo, você pode estar pensando: *Bom! Muito interessante, mas isso não funciona para mim*. Vários fatores podem levá-lo a acreditar nisso, por exemplo, ser um microempreendedor que toca a sua empresa sozinho e conta com uma estrutura mínima. Realmente, não é fácil ter que batalhar sem nada nem ninguém para ajudá-lo. Contudo, antes de tirar essa conclusão de que o método Lucro Real – M2CS não serve para você e abandonar a leitura deste livro, deixe-me lhe contar só mais uma história.

Em 2022, após a pandemia, uma senhora de 65 anos se viu em uma situação complicada. O restaurante que ela manteve durante toda a vida e que foi responsável pelo sustento de sua família estava passando por dificuldades. Ela estava literalmente "vendendo o almoço para comprar a janta", e isso não aconteceu por falta de dedicação. Todos os dias, essa cozinheira acordava às 4 horas e trabalhava duro com seus funcionários até a hora de fechar. Eles faziam compras, organizavam o estoque, limpavam o local, cozinhavam e atendiam aos clientes da melhor maneira possível, mas nada mudava.

Na verdade, o problema estava no financeiro. A senhora tinha certeza de que seu dom era apenas cozinhar, finanças definitivamente não era para ela. Com isso em mente, a empresária decidiu colocar uma pessoa de confiança para cuidar da gestão financeira do estabelecimento. Contudo, o trabalho feito acabou sendo o do tipo que nós, profissionais de

Administração e Contabilidade, costumamos chamar de PCVS, isto é, "pagar conta e ver se sobra". Claramente a estratégia não deu certo, e ela precisou buscar outra saída. Preocupada, a cozinheira decidiu, então, contratar outro consultor, que também não deu conta do recado.

Após diversas tentativas frustradas, ela chegou até mim por uma indicação e agendamos a nossa primeira reunião. Durante o encontro, a senhora me apresentou todo o cenário calamitoso que seu restaurante estava vivendo e, diante daquilo, lhe fiz uma proposta ousada: eu realizaria um plano de ação capaz de entregar resultados positivos em até quatro meses. Mesmo incrédula – afinal, ela já estava cansada de ouvir promessas que não se concretizavam –, a empresária me deu um voto de confiança e deixou que eu aplicasse a minha metodologia em seu estabelecimento.

Fiz uma análise completa do negócio, tracei estratégias e ensinei a ela e a seus colaboradores tudo o que necessitavam saber para gerir aquele lugar. Dia após dia, nos empenhávamos em aplicar cada passo que consta no M2CS, com paciência e persistência. Ao final do prazo que dei à senhora, as contas do restaurante estavam equilibradas e ela pôde respirar aliviada. Hoje, após três anos dessa recuperação, tenho a alegria de contar que essa empresária não só cuida muito bem da sua cozinha, como também é uma águia de olho no financeiro.

Além de ter uma reserva segura para o seu empreendimento, ela faz retiradas mês a mês, sem nenhuma preocupação. Em nossa última reunião, pude lhe dar dicas de onde e como investir os mais de 400 mil reais que acumulava em sua conta. Estávamos em pleno mês de julho, e minha cliente já tinha dinheiro guardado para pagar o 13º dos seus funcionários no final do ano. Ela nunca tinha tido uma organização financeira como essa, e é por isso que atualmente está dando risadas de felicidade, já que sabe que não precisa mais temer pelo futuro do seu restaurante.

Agora, pare e observe os detalhes deste *case*. Quando essa senhora me procurou, já estava com 65 anos, não sabia absolutamente nada sobre finanças e comandava um pequeno comércio sozinha, pois não tinha marido, e seus filhos, então adultos, tinham suas próprias vidas para cuidar. Nada disso impediu que ela aprendesse a gerir seu estabelecimento com primor. Se ela conseguiu, você também consegue. Todos são capazes de implementar o Lucro Real – M2CS, basta se lembrar do que eu disse lá atrás, nos primeiros capítulos: não deixe que as crenças limitantes tomem conta de você.

Não importa qual é o seu contexto, se é micro ou pequeno empresário, se tem sócios e funcionários ou se faz tudo na raça e na coragem, se possui recursos para investir ou está devendo. Você é tão capaz quanto qualquer outro indivíduo, só precisa acreditar de verdade em si mesmo. Sempre que bater uma insegurança, volte ao primeiro passo do método e siga as instruções que passei para a criação e a manutenção de uma mentalidade positiva e voltada para o lucro. Se inspire em histórias de sucesso como as de Oprah Winfrey, Michael Jordan e dessa senhora. Você pode ser o próximo a ingressar nessa lista.

Caso seja preciso, revise também as outras etapas. O M2CS foi concebido exatamente para funcionar de maneira cíclica, com cada um dos seus quatro itens se retroalimentando, uma vez que o conhecimento de um fortalece o outro. Ao estar pronto para lucrar, você tem condições de ajustar o seu foco e dar sequência no movimento de criar um negócio cada dia mais forte. A partir daí você se torna capaz de colocar em prática as medidas para assegurar a confiabilidade dos dados, que ao serem aplicados aos indicadores corretos geram clareza e, por fim, a segurança de que você necessita para tomar decisões importantes para a sua empresa.

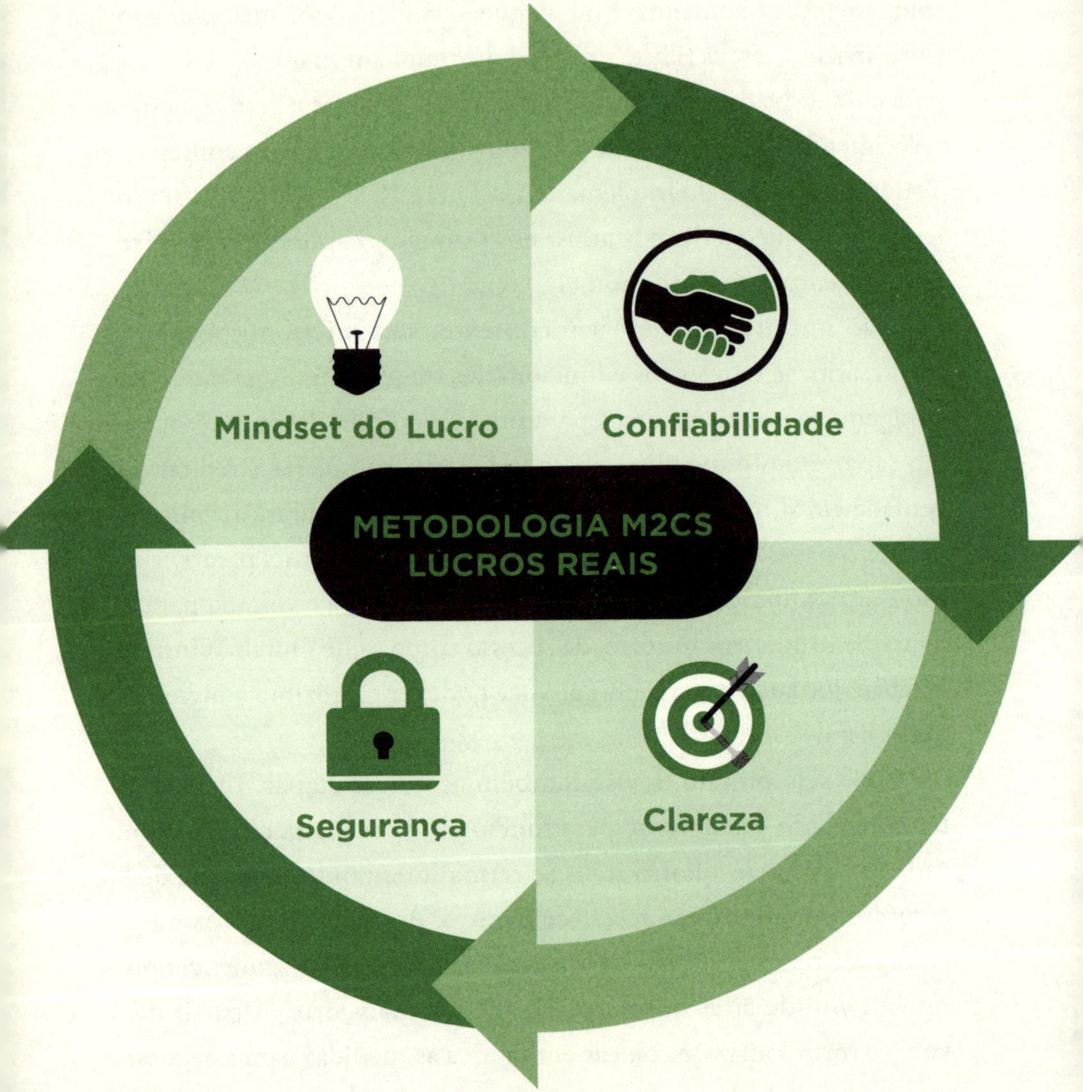
Mindset do Lucro
Confiabilidade
METODOLOGIA M2CS
LUCROS REAIS
Segurança
Clareza

AO ESTAR PRONTO PARA LUCRAR, VOCÊ TEM CONDIÇÕES DE AJUSTAR O SEU FOCO E DAR SEQUÊNCIA NO MOVIMENTO DE CRIAR UM NEGÓCIO CADA DIA MAIS FORTE.

ENGENHARIA DO LUCRO

@DRAKELENABREU

Meu método e eu estamos aqui para ajudar você sempre que precisar. Portanto, aproveite tudo o que acabou de ler nestas páginas e comece agora mesmo a mudar a realidade do seu empreendimento. Afinal de contas, o mercado não espera por ninguém. A Receita Federal vai lhe cobrar os demonstrativos e pagamentos de impostos no prazo estabelecido. Os seus credores, da mesma forma, vão querer que você cumpra com sua palavra e honre sua dívida com eles. Já os clientes vão exigir não só produtos/serviços de qualidade, mas também valor, soluções para seus problemas e uma excelente experiência em toda a jornada de compra, desde o pré até o pós-atendimento.

Fique atento a tudo isso, e sua organização durará por muito tempo. Vivemos em um mundo dinâmico; então, havendo condições, faça hoje, faça agora. Não se prenda aos erros do passado nem às dificuldades do presente. Retire os aprendizados possíveis dessas situações e procure oportunidades para superar os desafios que se apresentam em sua jornada empreendedora. Só assim você poderá construir um futuro em que aquela imagem de empresário bem-sucedido com a qual tanto sonhou se transforma em realidade.

Aplique hoje mesmo o Lucro Real – M2CS em seu negócio. A hora é agora!

NÃO EXISTE ESPERAR O MOMENTO CERTO PARA AGIR. OS MELHORES EMPREENDEDORES SÃO AQUELES QUE JÁ COMPREENDERAM QUE PRECISAM CRIAR SITUAÇÕES IDEAIS E ESTAR PREPARADOS PARA OS DESAFIOS E AS EXIGÊNCIAS DO MERCADO.

QUANDO VOCÊ PASSA A SE ANTECIPAR E TEM FERRAMENTAS QUE LHE POSSIBILITAM GANHAR ESCALA, É AÍ QUE A EMPRESA SE EXPANDE DE MANEIRA SUSTENTÁVEL, OU SEJA, COM FOLGA NO CAIXA E PERSPECTIVAS POSITIVAS NO MÉDIO E LONGO PRAZO. ESSE É O SONHO DE QUALQUER EMPRESÁRIO, E PODE SE TORNAR REALIDADE COM O AUXÍLIO DE GESTÃO E ESTRATÉGIA.

09.

VOCÊ VENCEU!

Se você chegou até aqui e entendeu, de fato, a importância de a sua empresa gerar lucro real, você já venceu. Caso sua meta fosse diferente dessa, seu negócio se configuraria como uma ONG, isto é, uma instituição privada sem fins lucrativos, não é mesmo? Se você depende do lucro para ver sua companhia crescer e gerar pró-labore para você e eventuais sócios, não há outro caminho a seguir a não ser o que leva ao lucro. Quem está à frente de um empreendimento não pode ser levado por falsas modéstias ou moralismos infundados. Você necessita de dinheiro para sobreviver e expandir.

É claro que ir atrás desse ganho não quer dizer abandonar seus valores e topar qualquer coisa para conseguir mais alguns zeros à direita no seu saldo bancário. Não é isso. Jamais aconselharia você, leitor, ou qualquer outra pessoa, a agir de maneira antiética, utilizando-se de artifícios escusos e que podem acabar prejudicando outros indivíduos apenas para ver sua organização chegar ao topo. Definitivamente, os meios não justificam os fins.

No entanto, você e nenhum empresário que produz bens e serviços e vive do lucro tem condições de abrir mão do capital e se dedicar somente a boas ações. Como já vimos anteriormente, lucrar com o seu trabalho também traz uma série de benefícios para a sociedade. Ademais, nada o impede de usar parte dos seus impostos devidos ou mesmo seus ganhos para ajudar o próximo, caso essa seja a sua vontade. Você não precisa se sentir egoísta por querer obter uma certa quantidade de recursos financeiros. Você suou para criar o seu negócio, nada é mais justo do que querer vê-lo prosperar.

Sendo assim, que tal definir agora o seu lucro projetado do próximo mês aplicando a metodologia M2CS na sua empresa? Ao tomar essa atitude, tenho certeza de que você verá que o dinheiro começará a "sobrar" na sua conta no final do mês; porque, ao seguir todos os passos do método, de maneira consciente e intencional, você saberá transformar cada venda em lucro. Afinal, já compreendeu que não basta vender, é essencial que cada venda gere retorno. Nesse sentido, avaliar preços e custos para que cada transação realmente traga lucro passa a ser um dever de casa obrigatório.

Você também já sabe que reter é mais importante do que apenas ganhar. Não se trata apenas de faturar, mas de garantir que o dinheiro fique no caixa. A retenção é o verdadeiro segredo para produzir o crescimento financeiro. Outro ponto de que você não abrirá mão é o fluxo de caixa, pois tem noção de que ele é o coração das finanças. Logo, acompanhar suas entradas e saídas para evitar surpresas e garantir estabilidade no longo prazo será uma tarefa diária.

Acima de tudo, ao implementar o método, você estará por dentro dos números da sua empresa e terá uma visão clara e detalhada das suas finanças. Assim, conseguirá identificar onde e como mexer para não jogar capital fora e obter lucro real. Depois de tudo o que aprendeu aqui, erros comuns, mas que são capazes de destruir qualquer negócio, como misturar despesas pessoais e empresariais, jamais voltarão a acontecer na sua jornada.

Portanto, meus parabéns por chegar até aqui! Acredito que você, leitor, esteja verdadeiramente preparado para lidar com a gestão da sua empresa. Só me resta desejar o melhor para você, pois sei que um futuro de sucesso está por vir e fico extremamente feliz por ter contribuído de alguma forma com a sua construção de sonhos e transformação.

Mãos à obra!

BÔNUS

Calma! Sei que chegamos ao final, porém não feche este livro ainda. Tenho uma surpresa para você que completou o caminho do Lucro Real – M2CS. Caso esteja planejando abrir uma empresa ou já se encontre à frente de uma, mas ainda precise de uma mãozinha para conseguir escalar o negócio, torná-lo sustentável e finalmente vê-lo reinar, absoluto, no topo, aproveite esta oportunidade.

Acesse o meu site, utilize o cupom **M2CS** e ganhe 15% de desconto em minha mentoria. É possível contratá-la em formato individual ou em grupo, para que você e/ou sua equipe possam aprimorar ainda mais os conhecimentos obtidos aqui.

Agora, se você é um estudante ou profissional da área financeira e sonha em ter liberdade para trabalhar ganhando muito mais do que o mercado oferece, vou lhe disponibilizar um desconto de 20% em meu curso de BPO Financeiro, uma profissão do futuro que lhe permite assumir a gestão financeira de pequenas e médias empresas, de forma remota, segura e eficiente. Gostou? Então, aplique o cupom **M2CSBPO** em seu carrinho de compras e se prepare para o sucesso.

Saiba mais informações sobre estes serviços acessando o QR Code a seguir:

https://drakelenabreu.com.br/

ESTE LIVRO FOI IMPRESSO PELA GRÁFICA BARTIRA EM
PAPEL PÓLEN BOLD 70 G/M² EM AGOSTO DE 2025.